魔女トレ

足元にある、動きの「素《もと》」

西園 美彌
Miya Nishizono

日貿出版社

身体は何歳になっても、
始めたその日から変わり始めます。

いまの情熱を
いま出し切るために。

はじめに

はじめまして。

西園美彌と申します。

最近では「魔女」と呼ばれています。

私の指導するレッスンが、アスリートたちの間で「魔法のように動きが変わる」と評判となり、いつしか「魔女トレ」と呼ばれるようになったのがきっかけです。


魔女トレはいま、水泳やサッカー、野球、バスケ、アメリカンフットボールなどの各種スポーツのアスリートをはじめ、武道家やブラジリアン柔術家、治療家、セラピスト、日常の動作を改善したい一般の皆さんまで、多くの方々が役立ててくださっています。

魔女トレのベースにあるのは、私が子どもの頃から親しんできたバレエのレッスンです。

美しい動きとは、身体にとって理にかなった動きです。身体が本来持つ可能性を存分に発揮した動きこそが美しく、機能的なのです。

そのことは魔女トレを体験したアスリートたちの動きが、すぐその場で変化することが証明しています。

本書では、数あるエクササイズのうち「アスリート向け講座」から「身体が硬い人向け講座」まで、どの講座でも使えるものを選びました。基礎力を高めたい人も、応用動作や技術を高めたい人も、また健康になりたい人にも、レベルやジャンルを問わず必要な内容です。

目次

西園 美彌（Miya Nishizono）

舞踊家／ダンサー　クラシックバレエ・コンテンポラリーダンス

Web Site

7歳よりクラシックバレエを始め、石田絵理子に師事。筑波大学ダンス部にて現代舞踊（モダン）、コンテンポラリーダンスと出会う。また同大学および大学院スポーツバイオメカニクス研究室にてバレエにおける動作分析の研究を行う。チャコット（株）と筑波大学の共同研究において、アドバイザーおよびデータ分析を担当。同大学大学院体育研究科修了。

クラシックバレエの基礎のあるしなやかな身体を持ち、一瞬にして舞台の空気を変える存在感、豊かな感性と独特の世界観から生み出される表現力は高く評価される。

また指導の対象は幼児からお年寄りまで幅広く、ダンサーや一般の方に向けてクラシックバレエの指導、バレエダンサーへのコンテンポラリーダンス指導、振付、ボディワーク等を行っている。

2018年に帝京大学水泳部への指導活動をきっかけにアスリートやスポーツ競技者への姿勢づくり・動作改善指導を本格的に始める。「選手たちを魔法のように次々と変えていく」として魔女と称され、以来西園のトレーニングは「魔女トレ」となり、Twitterで広まったことから全国各地でセミナーを開催し人気を博している。

Twitter

本書の動画について

本書では、より読者の理解を助けるために、携帯電話、スマートフォンなどで再生できるQRコードを掲載しています。動画はすべてYouTube（http://www.youtube.com）の動画配信サービスを利用して行われています。視聴については著作権者・出版社・YouTubeの規定の変更などにより、予告なく中止になることがあることを予めご了承ください。

※QRコードは（株）デンソーウェーブの登録商標です。

第１章

魔女トレとはなにか

ここでは魔女トレの誕生から、
アスリートとバレエの“当たり前”の違い、
そして３人のアスリートによる実際に魔女トレを
体験した感想を紹介します。

真《ま》っ直《す》ぐ天へと伸びることができないアスリート

「真っ直ぐ上に伸びてください」

私が姿勢を指導する時にアスリートたちにいつも言う言葉です。

バレエの経験がある方なら誰もが聞いたことがある言葉でしょう。

でも、伸びない。本人たちは頑張っているのに、固まったり反ったりするばかりで、伸びないのです。決して運動神経がないわけではありません。むしろ能力のある人たちです。なのになぜ「伸びる」という簡単な動作ができないのか。選手たちの身体を観察しながら考えました。

それで分かったのは「地面を押せていない」ということ。

身体を上へと引き上げるための力、伸ばす能力は、足裏で地面を押すことで得られます。

それができていないから、すっと伸びることができないのです。

「上へと引き上げる」が可能になるには、地面からの反力（地面反力）が身体のセンターを通っていることと、それをキャッチする身体感覚があるという前提条件が必要です。

それが備わった身体の時に、はじめて利用できるというものなのです。相互作用で起こる現象ともいえます。この前提がなければ、「上に伸びる」という結果が得られません。

昨今ではアスリートのみならず一般の方々も盛んにトレーニングに取り組んでいます。そこで筋肉にだけフォーカスされている現状が「地面を押せない」人々をつくってしまっているのではと思います。天に向けて真っ直ぐ立つということは、地面から順に骨を積み上げるということ。そうすることで全身の骨と筋肉をバランス良く、まんべんなく使うことができます。その一番の土台となるのが、足裏です。足裏のコンディショニングおよびトレーニングによって、その上に積み重なる身体のすべてを変えることができるのです。それがアスリートたちの指導で分かったことであり、いまや全国に広がった「魔女トレ」の基本となっています。

魔女トレが生まれた

始まりは2018年。筑波大学の同期で当時帝京大学水泳部の監督を勤めていた友人に声をかけられたことでした。

「自分は感覚でやれてしまったほうだから、そうではない部員たちに教えられないことがたくさんある。これまでダンサーとして培った知識と経験を活かして指導してほしい」

と頼まれたのです。

指導は5月から1~2ヶ月に一度というペースで始まりましたが、2回目のあとの記録会で、ベストを更新する選手が続出。9月にはインカレ出場を果たした選手を相手に私が姿勢と動きの調整をしている様子を見た監督が、こうもらしたのです。

「魔女だ……。次から美彌のクリニックは魔女クリニックと呼ぼう!」

それが魔女の誕生です。

いつしかアスリートたちの間で**「魔女トレ」**と呼ばれるようになり、Twitter のフォロワー数もまたたく間に1万人を超えるなど、大きな話題となりました。

バレエとの出会い

いまでこそ魔女トレの指導者として知られるようになりましたが、私は舞踊家・ダンサーとしても活動しています。その原点となったのは7歳の時に出会ったバレエです。

きっかけは、母の通っていた健康体操クラブ。そこの先生が母と一緒に参加していた私の踊りを見て「なにをするにも踊りの基礎はバレエ。まずはじめにバレエの基礎を身につけていればば新体操もアーティスティックスイミング（当時はシンクロナイズドスイミング）もできる。だからまずはバレエを始めたほうがいい」とアドバイスしてくれたのです。それが私とバレエの出会いです。

そこからすっかり身体表現の世界にのめり込み、現代舞踊やコンテンポラリーダンスなどにも活動範囲を広げました。また筑波大学でスポーツバイオメカニクス（生体力学）を学んだり、様々なステージに立ったり、バレエスクールでの指導経験を積んだりしました。こうして得られたエッセンスから生まれたのが、「魔女トレ」です。

バレエの当たり前がスポーツにはない

魔女トレの評判は驚くほどの速さで広まっていきました。魔女トレの効果を実感し、実際に好成績をあげたアスリートたちが、「魔女トレはすごい」と仲間たちに伝えてくれたからです。

でもそもそもアスリートたちは様々なトレーニング法に精通しているはず。なのになぜ「魔女トレ」がヒットしたのか？

その理由ではないかと思えるのが、アスリートにとっての「当たり前」と私たちダンサーにとっての「当たり前」が、大きく異なるということです。

だからこそ、目新しいメソッドとして「魔女トレ」がアスリートたちの目にとまったのでしょう。

舞踊家・ダンサーとして、私が皆さんにお伝えしたいのはこのようなことです。

・自分と相手の身体に触れること
・五感を研ぎ澄まし、微細な変化を感じとること
・身体を内側から立体的に感じること
・感じたことを言葉にして外に出すこと
・それらが人と同じとは限らないということを知ること
・様々な事象を受け入れること（痛みを含めて）

身体の構造や動きを知り、自分と向き合うことは、プロになってからも日常生活においても大きな助けとなるはずです。むしろこうした本質的な身体との向き合い方こそが、プロになれる人となれない人との分かれ目になるような気がします。

習慣が才能を超える

これまで私は色々な方の足を見てきました。

同じ足の甲を伸ばすストレッチでも、気持ち良く感じる人もいれば激痛を感じる人もいます。感覚は人それぞれ。その方の感度によります。ストレッチによって起こる変化はさらに千差万別です。身体と向き合うのに慣れていない人だと、私の目からは変化が認められるにもかかわらず、本人には自覚がないこともあります。

個人差は身体の状況にもよります。

身体の歪みや無意識に起こっている緊張が足を由来とするものなら、足を変えることで全身が変わります。股関節や体幹深部の問題が由来のケースでは、〝股関節をはめるエクササイズ〟（第3章　121頁を参照）でようやく変化を起こせたこともありました。

脳神経系の機能不全が起きている人は、足が硬いにもかかわらず痛みを感じず、どれだけ時間をかけて足首を底屈させるストレッチをしても硬いままということがあります。その場合は脳機能の改善を狙ったアプローチをします。

私がセミナーの最初に行う分析で「足と体幹が良くつながっているなぁ」と感じる人でも、

足と股関節のどちらのアプローチで改善するかは、人によってまったく異なります。足と体幹のつながりが良いからといって、必ずしも感度が高いというわけではありません。日常の習慣にもよるのでしょう。もちろん遺伝的な要因もありますが、感度の高さは自分の身体と向き合うことをどれだけ習慣化できているかという**後天的要素が強い**です。

習慣ですから、鍵となるのはどれだけ時間をかけられるかです。

大人から始めたって遅くはありません。時間をかければかけるだけ、身体の反応を察知したり、読み解いたりする精度は上がっていくものです。身体は何歳になっても、始めたその日から変わり始めます。ぜひ足に触れることを習慣づけてください。小さな心がけで十分です。自分の身体に触れてあげるだけでも身体は本来持っている機能を働かせて動き始めます。そして身体は、その本来の機能が発揮されると喜びの感覚が湧き上がり、心と身体の対話が行われ目指す場所へと導いてくれるのです。

当たり前のように身体に触れ、変化を察知し、長所も短所も受け入れるという態度。これを習慣にすれば、身体は必ず応えてくれます。でも変化が起きるまでの時間には個人差があります。遅々として進まない人もいるでしょう。でも決して絶望せず、継続してください。継続は力なり。**身体は必ず変わります。**

〝魔女トレ〟と〝アスリート〟

第1章の最後に、これまで魔女トレを体験していただいたアスリートの方へのアプローチと変化の様子を、参考までにご紹介しておきます。

魔女トレメモ1「社会人野球選手　Aさんの場合」

パフォーマンスアップを目指して私のもとにいらっしゃいました。

1度目のセッションではあまりに足が硬すぎて、足だけで2時間が経ち、全身のトレーニングはやらずに終わりました。

Aさんは左右の足で硬さの種類が異なっていたため、眼球運動によって改善が見られました。

野球という競技は利き側を主に繰り返し鍛え、感覚を積み重ねていくという特徴がありま

す。身体機能の偏りを生みやすいため、目の使い方にも左右差が出たのでしょう。

足と足首の硬さにも根深さを感じました。はじめは股関節も背骨も動かなかったのですが、足指のストレッチと眼球運動のアプローチに4ヶ月熱心に取り組んだ結果、2度目のセッションでは見違えるように柔らかくなっていました。そこでようやく立ち方と股関節のヒンジの感覚を指導できる状態となり、1度目の時には説明しても理解できなかった身体の在り方が、体感で理解できるまでになりました。

魔女トレメモ2「3×3バスケ元日本代表　小松昌弘選手の場合」

「身体の感覚に乏しい方で、泥臭く努力してきた」という小松選手。

30代も後半に差し掛かった彼は、もう一段上に上るために、これまで苦手だった身体の内側を研ぎ澄ますことに取り組むきっかけとして魔女トレを選んでくださいました。

捻挫を何度も経験した足首は硬く、足の甲を伸ばすストレッチは激痛の様子。足指を一本一本伸ばし、足裏をほぐし、足首回しや脚全体をつなげるエクササイズを実施。徐々に地面を感じ始め、身体のつながりや股関節の位置など、セッションのなかで感覚が拓かれていきました。

初回のセッションでは**「地に足がつくとはこのこと。みんな絶対やったほうが良い」**とのコメント。それ以来、MP関節や足の甲のストレッチを毎日続けて感覚が大きく変わったとのことだったので、約1年半後の2度目のセッションでは、股関節をより使える身体にするためにさらに踏み込んだレッスンをしました。足裏が使えてこなければ股関節の動きを感じることはできません。また外見的に背骨を伸ばしても、無理やり体幹を伸ばしているだけであれば、身体が本来持つ構造とシステムを活かしにくくなります。

彼の他にもサッカー選手や野球選手などからしばしば股関節を柔らかくする柔軟体操について質問されます。皆さんの多くは足裏の感覚が乏しく、足裏で地面を押す感覚がつかめていません。その改善にはまず次のようなメニューを指導します。

1．足首を整える（足首回し、前回し15回、後ろ回し15回）

2．足の裏（甲側）を伸ばす。足の裏の筋肉が動きやすい環境をつくる

3．足指を一本ずつ曲げ伸ばししてゆるめる

多くの場合、股関節が硬いとハムストリングスという腿裏の筋肉も硬くなっています。そのため立位から床に手をつく前屈をした時、股関節ではなくおへそのあたりから身体を折るようにしてしまう癖がついています。そのような場合は右記の手順で足指足裏を柔らかくすることで、自然と足で地面を押せる身体となり、股関節の柔軟性も向上します。

足裏が柔らかくなければ、本当の意味で身体に効くスクワットや体幹トレーニングは行えないと思います。足裏で地面を押す感覚が分かってはじめて身体を芯から使えるようになり、そこではじめて体幹深部を感じたり、シンプルな動きでも汗が吹き出てくるほど効いてくるような効果が得られます。これまで使ってこなかった深部に効くようになるため、とてつもなく疲れるのです。

足裏のコンディションを整えてトレーニングを終えて立ち上がった小松選手は**「身体が軽くなった！　軸があるのが分かるし、末端からは力が抜けている」**とのコメント。深部の筋肉が身体を支えていることによる感覚です。

小松選手はその後も３×３選手権で優勝を重ねています。（２０２１年６月現在）

魔女トレメモ3「ブラジリアン柔術　芝本幸司選手の場合」

Twitterを通して魔女トレを知った芝本選手。

「過去にウエイトトレーニングをやり込んだため、アウター（表層筋）優位の身体になり身体の芯から力を発揮できている感覚がありません。丹田のある身体、全身がつながって機能する身体を獲得していきたい」

と、プライベートセッションを受けに来られました。

ご本人はアウター優位になっているとのことでしたが、私の目には内側や深部を綿密に使い鍛えてこられているのが分かりました。それでもアウター優位だと感じるということは、よほど繊細な感覚をお持ちなのでしょう。足裏の開発から始めて、足指の感覚を確かめていくエクササイズをしていくとすぐに明確な感覚を得たようでした。

勝ち負けのある競技で育まれるのは、相手の動きに合わせて反応する相手ありきの身体能

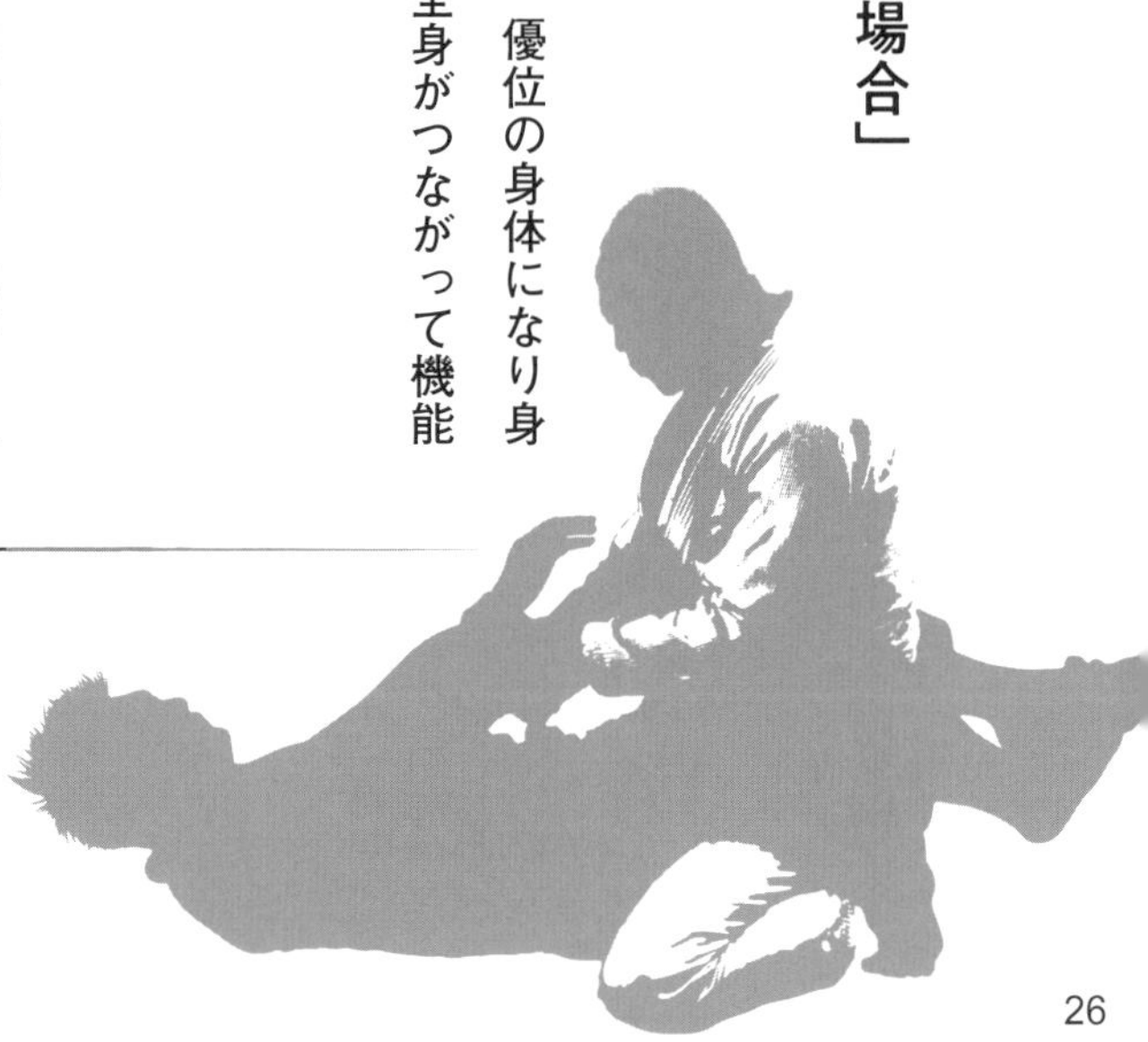

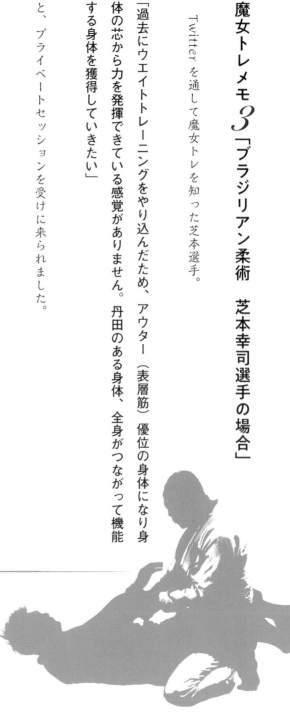

力です。その能力を身につけてきた選手に対して私が気をつけているのは、これまで使ったことがあまりない能力を発揮するようなアプローチを施すことで、その選手にどのような変化が起こるのかということです。

レベルが高い方へのアドバイスにはとても慎重になります。レベルが高い選手ほど感度が高く、変化が起きやすいのです。そのため良い変化も悪い変化も大きく出ます。私自身も自分の身体で経験してきましたが、これは予測がつかず、やってみなければ分かりません。本人とのディスカッションを積みながら、ひとつひとつエクササイズとその効果を確かめて細かな指示を出していきます。

私は自分の身体に責任を持つこと、自分の身体と真摯に向き合い、主観を大切にすることを軸に指導理念としています。でも自分では見つけにくいような小さなズレは、やはり外からの目を通じて指示を仰ぐことをおすすめします。バレエでは鏡を用いて左右差を修正し、より美しく見える角度を探しますが、そのような習慣のないアスリートに同じレベルの微調整を求めるのはハードルが高いように思います（習慣づける提案はしますが）。

芝本選手に提案したのは、主観と客観の両方を用いて左右差を減らすトレーニングです。

なるべく私がいなくても一人でできるものとして、次のようなメニューを考えました。

1．ペアでの足指ストレッチ
2．足指足首のセルフコンディショニング
3．股関節をハメるトレーニング
4．ブラジリアン柔術の基本動作の修正

という内容でした（1～3は第3章で紹介しています）。

4．の指標は「美しさ」です。

どんな競技であれ、体幹部の機能の高さが勝敗に大きな影響を与えます。その一つが「丹田」あるいは「コア」とも呼ばれる部位です。重心の安定感やパワーの生み出され方、股関節や骨盤がうまく機能し、なおかつ末端までコントロールできているか。これらのポイントをもとに、見た目という客観的な視点と本人の感覚という主観的な視点の両面から〝美しさ〟を評価します。

ブラジリアン柔術はどこにも隙のない身体と、なおかつ相手のあらゆる隙を狙える技術が求められます。誰しも得意な形があることと思いますが、左右差はなるべくなくしたほうが良いでしょう。左右差を埋めることで普段使っていない神経系や筋肉への刺激が入り、身体能力が全体的に上がることにもつながります（セッションでは左右を揃えるかどうかも本人の意向を尊重します）。

芝本選手は2度のセッションを通じて、このようにコメントしてくださいました。

「これまでストレッチで身体の変化を感じたことがなかったのですが、練習前後のストレッチだけで身体の状態が変わることに気づけるようになりました。力の伝達感も、足の重心の乗り方も変わりました」

その後、芝本選手は２０２０年全日本ブラジリアン柔術選手権において9連覇を達成しています。

第2章

魔女トレの理論

「あれ？立った感覚が全然違う！」魔女トレのセミナーでよく聞かれる声です。
でも、どうしてそんなにすぐに変化が身体に現れるのでしょう？
その理由は身体の土台「足裏」に直接働きかけているから。
私たちが普段忘れている「足裏」が秘めた驚きの能力と可能性を紹介します。

美しい動きとは？

バレエの世界では常に「美」を意識し、追求します。機能美、自然美、生命力を振り絞るからこそ生まれるあらゆる美を結集させた総合芸術の世界です。

華やかな笑顔や感性豊かな表現力が人々に非日常を味わわせ、心を癒やす一方で、その裏ではアスリートのように（あるいはそれ以上に）肉体を酷使しています。だからこそ正確さと緻密さが必要な世界です。子どもの頃から時間をかけてすみずみまで神経の行き届いた身体をつくります。

バーレッスンやセンターレッスンといったバレエのトレーニングは、もともと解剖学者が身体の原理原則をもとに体系化したものです。

バレエには三原則があります。

「アンドゥオール【En dehors】（外旋）」

「エレバシオン【Elevation】（上昇・引き上げ）」

「アプロム【Aplomb】（優雅さと正確さが両立した状態。垂直という意味もある）」

三原則のアンドゥオール（破線）、エレバシオン（二重線）、アプロムの調和がとれた状態。

この三つが常にある状態を維持して踊る。それがバレエです。

アスリートが全身の力を振り絞って放つ動作は、しばしば「美しい」と表現されます。これは0・1秒、1ミリを争うことの結果として身につける機能美に加え、生命力を振り絞る姿から感じるものではないかと思います。

一方バレエは、形式からくる機能美の美しさの追求が大前提のものです。はじめから美しさに向かうバレエ。そのバレエの身体づくりやトレーニングは、あらゆるスポーツ競技者にとって動きをより合理的で確実なものにするのに活かせます。

正しい立ち方と正しい姿勢の維持は、身体各部の機能性を高め、協調性を維持し、動きの滑らかさを生み出します。それによりあらゆる方向への運動を可能にする動的な安定性が生まれます。その安定性が優雅さを生み、人々を魅了するのです。

ゆえに始まりは、正しい立ち方と姿勢です。

バレエでは常に正しい立ち方と姿勢を保ちながら、様々な動きを習得していく練習をします。一度その姿勢が崩れてしまえば、いくら高く跳べてたくさん回れたとしても、美しくありません。そのうえ怪我をしてしまう可能性も高くなります。大変な努力の積み重ねが必要で、誰にでもできることではありません。しかしバレエに触れ、その正しさと美しさに向き合うだけでも、計り知れない恩恵が得られるでしょう。

「美しさ」とは、その人の意識が外に放たれた様を見た人が感じることでもあると思います。全身に常に意識（見られる意識、使う意識、つながっている意識）があることがすなわち全身を網羅できているということであり、繊細で綿密に感じる感性とコントロールできる範囲の広さもまた美しさを生み出す一因です。

普通の人が片足立ちになると、手足を無意識に揺り動かしてバランスをとるでしょう。しかしバレエではどんな瞬間も優雅な見た目を保つために、筋肉を感じ、制御し、余計な力を抜いていかなければいけません。つまり筋肉の感覚、バランス、骨の向きや位置を感じて、細かくコントロールする必要があるのです。これは身体を「感じる」力があってこそ可能になります。

「感じる」ことは、自身の身体と信頼関係を築く行為です。

ダンサーたちはそれを当然のこととして無意識的にも意識的にも使いながら、常に姿勢(形)と動きに磨きをかけています。これはバレエだけでなくあらゆるダンスや表現の世界に不可欠な能力なのですが、スポーツの世界ではそうでもないようです。

身体を意識するということには人によって向き不向きがあり、また競技特性にもよるのでしょう。「感覚的なことは指導できない」「感覚は共有できないから扱わない」という意見を持つ人もいらっしゃいますが、自分の身体にあまりに無頓着なため、せっかくの高いポテンシャルを発揮できずに眠らせている選手がとても多いのです。それはとてももったいないと思います。

私たち大人がこれまで自然と身につけてきた感性(風を肌から感じる、土の密度の濃淡を手足から感じる、動植物の柔らかさを手から感じる、季節の匂いを鼻から感じるなど)を、現代人は無意識に発達させにくい環境に身をおいています。いまの大人といまの子どもたちでは、感性の発達に大きな差があることは想像しておくべきだと思います。つまりあえて感性を育てる機会をつくってあげる必要性が今後さらに高まっていくと思うのです。身体を感じることとは、これらの感性を発達・発揮させる機会をつくることになるのです。

はじめは「感じる」「意識する」といったことを難しく感じる人も多いでしょう。

私も子どもの頃にバレエを始めてからの数年間、あるいは大人になって舞台に立ってからも「感じる」「意識する」ことに苦手意識を持っていました。特に足先の末端においては意識が通らず、力強く使えませんでした。

実は私自身、魔女トレを始めてから、より集中的に取り組んだことで足指が進化していきました。もともとはなかったものが発達していく様を自分の身体を通して分析していったからこそ、私は人を見た時に、人がそれぞれどの段階にいてどのような感覚の在り様になっているかを推測することができるのだと思います。神経の通り方は大変個人差があり、感じる能力を獲得するには時間がかかります。それらは栄養や睡眠、個々の性質など様々なものが影響するからです。たまにはじめから開花している人もいますが、ほとんどの人は訓練によって獲得しています。つまり感性とは、訓練を通じて開拓するものなのです。感性を磨き、意識を磨いて美しい動作を獲得することは、強くしなやかな身体を手にするための最善の道のりの一つなのです。

なぜバレエダンサーがあれほど身体能力が高く、優雅に、そしてダイナミックに動くことができるかというと、前述した三原則**「アンドゥオール（外旋）」「エレバシオン（上昇・引き上げ）」「アプロム（優雅さと正確さが両立した状態）」**を維持しながら、身体を感じ、さらに人間や妖精などの役柄や、あたかも気体・液体・固体を思い起こさせるような現象と表現を生み出す演技を遂行する訓練を重ねているからなのです。

本書で紹介するのは、私がバレエを学び、舞踊家や指導者として活動する中で積み重ねてきた成果です。しかしあくまでも、一つの提案に過ぎないと思っておいてください。魔女トレに限らず、その取り組みが、自分のより良い動きを生み出すことにとって効率的なのか、合理的なのか。その答えは自分の身体の中にしかありません(最終的には自分の感覚が重要、ということ)。

身体の仕組みを知り、自分の感覚と照らし合わせ、また客観的にイメージ通りの身体になっているか確かめてください。客観的に確かめる際、いまでは手軽に動画や写真が撮れると思います。これまで自分自身の主観(感覚)的視点のみの取り組みか、自分や指導者の客観的視点で形を変える取り組みか、どちらかに偏っていた方も多いのではと思います。自分で自分を育てていくためには、主観と客観を駆使し、繰り返していくことで多角的な視点と立体的な感覚を養い、それらを行き来しながら、自分にしか出せない答えを出す習慣をつけていきましょう。

〝つながる〟とは？

より良いパフォーマンスを生むため、私が理想とするのは「つながっている身体」です。神経でつながっている身体ともいえます。神経がつながっていると、動きに連動が起こります。連動とは身体の各部位が順番通りに動いているということです。力の作用で生まれたエネルギーが足、ふくらはぎ、太もも、胴体、腕、手へと順番に移っていくことです。神経は全身に張り巡らされています。そのネットワークはまだまだすべてが解明されているわけではありませんが、身体にそのような経路が備わっていることを知っておいてください。

魔女トレでもその経路を多用しています。

関節を正しい順番に繰り返し動かすと、筋肉の中にある細かい繊維が適切な配列になったり、効率良く力が出せたりします。また関節がスムーズに動くようになり、柔軟性が上がるという変化も起こります。〝自分の身体はなぜうまくいかないのか？〟〝なぜいつも同じ場所ばかり痛くなるのか？〟こうした問題が起きた際、神経ネットワークについて少し知っておくだけでも、身体を通じて考える材料となるのです。

足裏の大切さ

裸足で立った時に地面を感じるのは、足裏に神経が通っているからです。人間の身体は、筋肉、腱、関節にある感覚受容器から情報を受け取り、感覚神経から脊髄と脳を経由して運動神経へと電気信号を伝えて筋肉を収縮させています。そのため感覚が敏感になるほど、運動神経までの情報伝達が早くなります。逆に感覚が鈍ければ情報伝達も遅くなり、動きも遅く鈍いものになります。足裏は二足歩行で生活し、運動する人間にとって唯一地面と接する場所です。それゆえに、足裏は自分の身体がどのような状態なのかを知るための情報が大量に入ってくるとても重要な場所なのです。

また足は運動器としても身体の一番下にあります。重力下にいる私たちが「こんな動きがしたい」と思って動作を行う際、地面に対して足をどのような角度・力・スピードで作用させるかによって、結果（パフォーマンス）は変わります。どの筋肉が働き、どの骨に負担がかかるのかといったことも違ってくるのです。「いつも肩がこる」「股関節が詰まりやすい」「前屈しても足に手が届かない」などの問題も、原因を探ると足にたどり着くことが多いです。

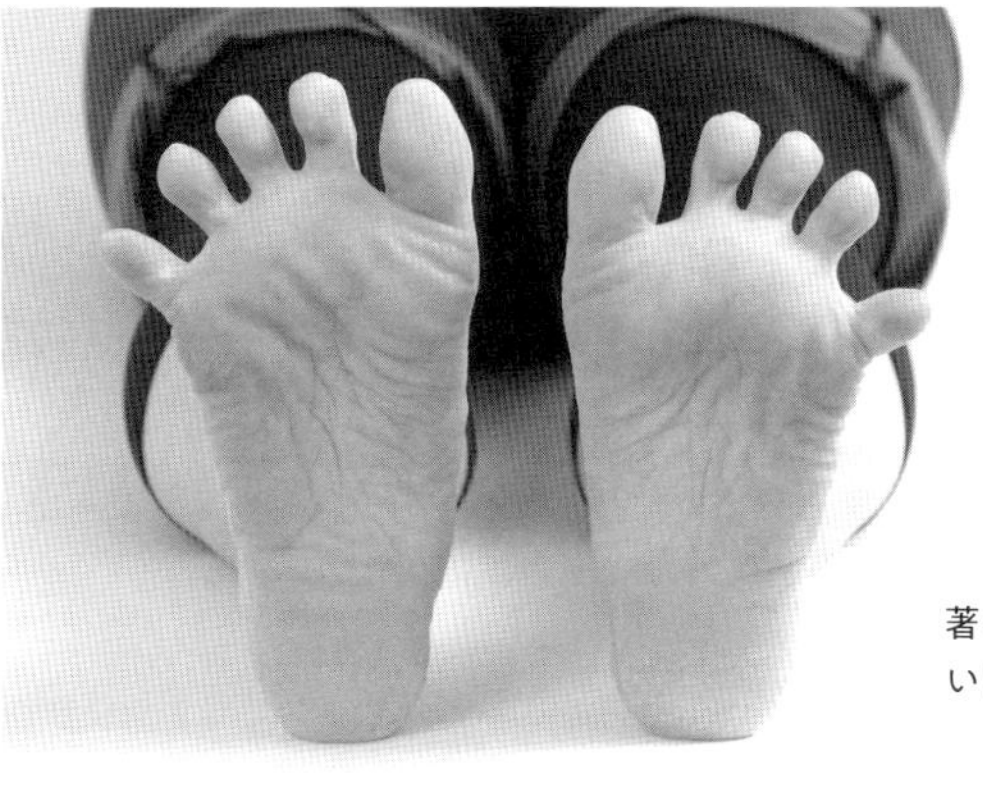

著者の足裏。五本の指をきれいに広げることができます。

私が足に着目した一因に、バレエの特徴的な立ち方や、つま先で地面を擦ったりするなどつま先の意識や使い方についての指導がなぜ多いのかについて、長年疑問を持っていたことがあります。

私自身も子どもの頃、バレエのレッスンがあまりに難しくてできず悔しい思いをした時期がありました。しかしやがて神経が伸び、感覚が磨かれ、身体の各部がつながり全身が網羅される心地が起き、深層にある筋肉や骨の位置によってそれらがどう変化するのかを、ありありと体験したのです。

「常に全身に意識を張り巡らせなさい、日常でもバレエを習う身として（見られていることを意識して）過ごしなさい」

そうバレエの先生から言われていました。

その言葉通りにすると筋肉への作用だけでなく、視野の広さや心の在り方にまで変化が感じられます。子どもながらに身体の深みと可能性を感じて、とてもワクワクしたのです。

足の重要性を意識するのに、決定的な出来事がありました。世界的なダンサーや振付家が手掛ける舞台のリハーサルに参加した時のことです。振付家の動きを落とし込もうと練習しても、**「そうじゃない、もっと体幹を使って」**とアドバイスが飛んできます。

その言葉通りにしても、まるで同じ動きになりません。なにが違うのだろう、なにが足りないのだろうと振付家の動きを食い入るように見つめて分析すると、その方の足指がまるで手のように力強く地面をつかんでいるのです。

「足指のこの力……私は持っていない。この人の足は無意識に自動的に動いている。これだけ足指が動けば、それは丹田やインナーマッスルも強いに決まっている」

そう直感で理解しました。その方はとても華奢なのに体幹のしなやかさと安定感はとても素晴らしかったのです。それ以来、私は足を徹底的に鍛え直し、精度を高めました。すると私の筋肉や神経が変化し、動きの深みや粘性が変化しました。これを体系化しようとして洗練させていったのが、いまの魔女トレで行われている足指と足裏のエクササイズです。

足指をほぐして、しっかり開いてから立ってみると、足がひとまわり大きくなったような気がするでしょう。足の感度が上がって感じられる範囲が増えたからなのか、足を構成する26個の骨がよく動くようになって足全体が広がったからなのか、丹田に力が入るようになったからなのか、全部が一瞬で起こっているのか。感じ方には個人差がありますが、いずれにせよ土台が安定して、強く動きやすい構造に変化することが実感できるはずです。

足は縁の下の力持ち。皆さんが本来持っている機能を発揮させるためにも、大切に向き合ってください。足裏の感覚を磨けば、アスリートのパフォーマンスが高まるだけではありません。怪我の予防、健康維持など、誰にとっても有益です。才能と呼ばれるものも、足裏が大きく関わっているように思います。足裏はそれだけ重要な役割を担っているのです。

足裏の三点、三つのアーチ

「足裏に体重を乗せる状況」には2種類あります。

「足が潰れている」と**「足裏三点で地面を押している」**です。

前者はただ地面に乗っているだけなのに対し、後者は地面を押しています。両者では足の上に乗っている身体への作用がまるで異なります。理想的な足は、体重が乗った時、地面を押せていなければなりません。

正しい立ち方、理想的な立ち方とは、静止状態において母趾球・小趾球・踵の三点に均等に体重が乗った立ち方です。もちろん様々な状況下で動作や姿勢の〝正しさ〟は変化しますが、足裏三点に均等に体重を乗せて静かに立つことが、各種スポーツ、ダンス、その他のあらゆる運動の前に、「前提として持っておくべき身体感覚・知っておくべき身体配置」としてとても

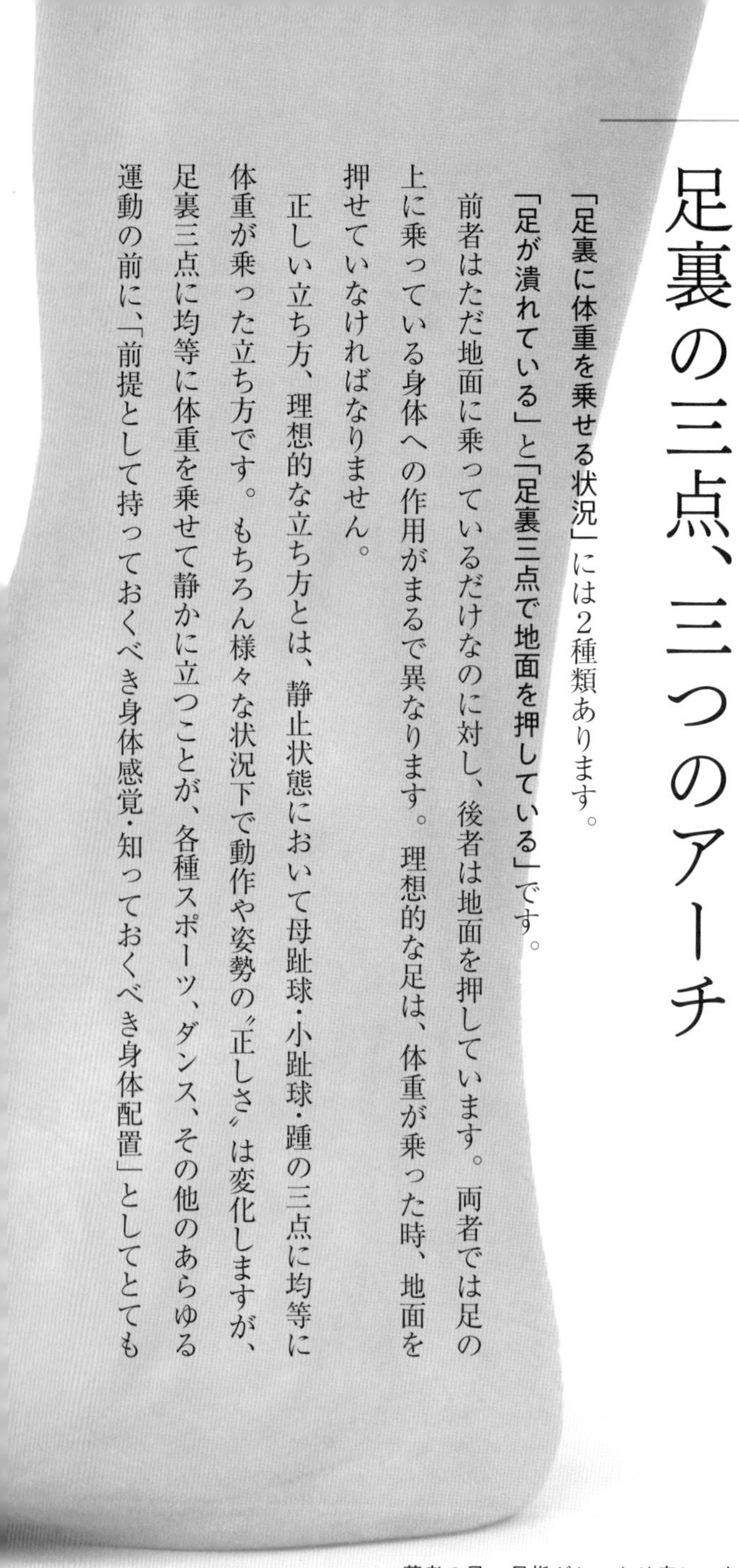

著者の足。足指がしっかり床につき、母趾球・小趾球・踵を結ぶ３つのアーチが自然にあります。

重要な基本姿勢となります。

ただ立っているだけの場面などないからといって、立つ姿勢をおろそかにしてはいけません。はじめに安定感のある立ち方を身につけなければ、不安定な姿勢や動きの中で、軸の通った安定感のある動きなどできないのです。人間の身体は、正しい位置では過緊張は起きず、力は抜けているのに身体の奥底から力が湧いてくるような感覚が生まれます。力まずに安定感が生まれる身体配置・場所を知らなければ、不安定な姿勢や動きではいつも身体を固めなければならないんだ、と間違った身体の使い方を生み、それを積み重ねていってしまいます。

簡単には崩れない家を建てるには、足場となる基礎がしっかりとしていなければならないのと同じで、身体も物理的にも感覚的にも、正しい立ち方ができている必要があります。

体幹部が安定し、深くリラックスした呼吸ができて、股関節に詰まりがなく、スムーズに動くことのできる本来の自然な身体であれば、この足裏三点の立ち方になるといわれています。しかし大部分の人は、遺伝的な要素、栄養状態、睡眠、怪我や古傷、幼少期の運動習慣や運動量、歯の噛み合わせ、目の状態など、様々な要因が重なって足部が崩れ、足をうまく扱えていません。足裏三点に均等に足が乗るように筋肉を整えたり、靴やインソールでその配置に導いたり、咬合治療をしたりするアプローチもありますが、本書では足裏三点に自ら立つ

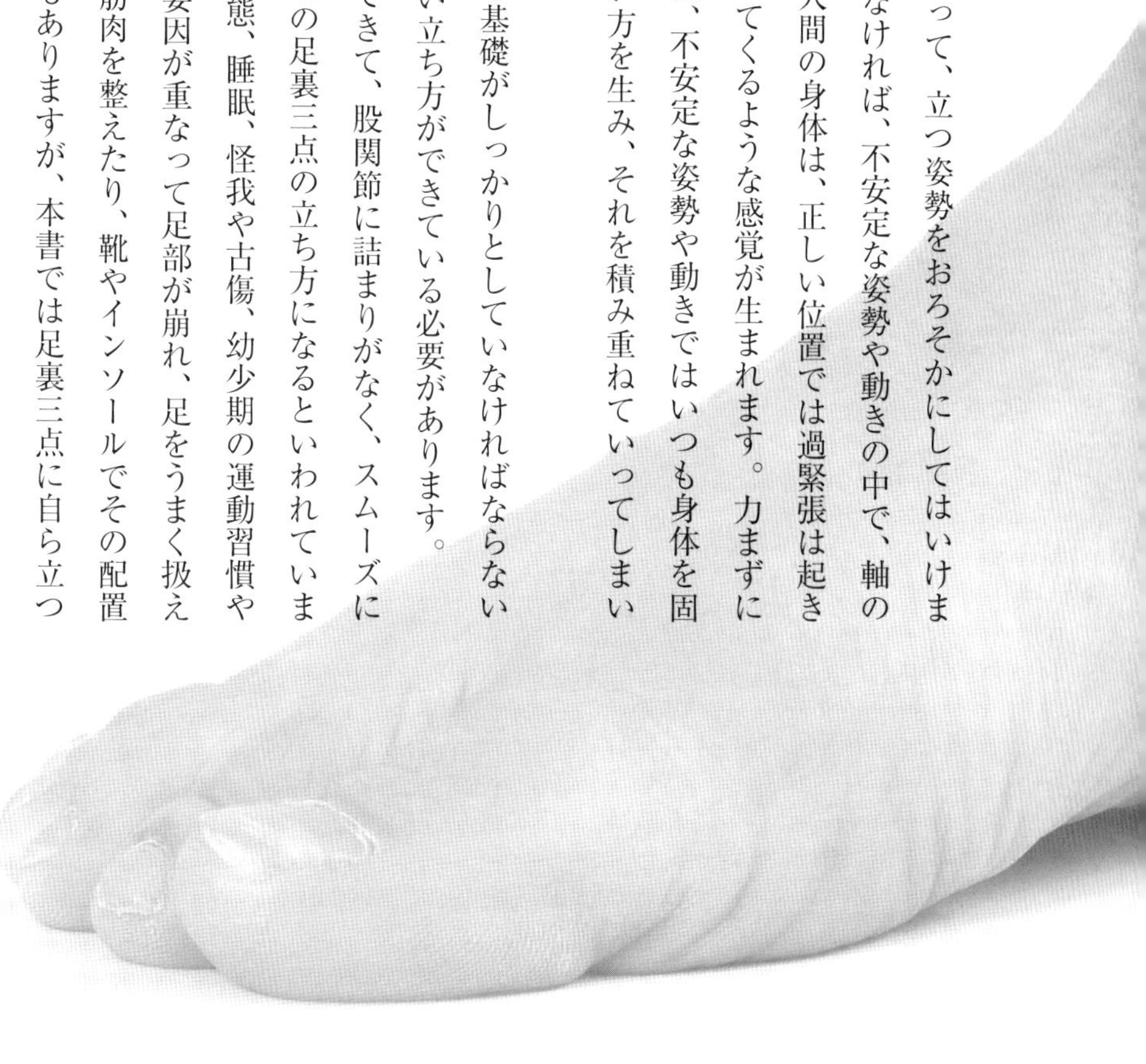

ことを先に訓練します。土台をつくり、足に乗っている身体を整え、骨格を適切な配置に収めて、筋出力をアップさせるのです。

こうして足裏の三点に均等に体重が乗ると、「母趾球・小趾球（横アーチ）、母趾球・踵（内側縦アーチ）、小趾球・踵（外側縦アーチ）」という三つのアーチが生まれます。アーチ構造は線の両端を下方向に押すことで真ん中が持ち上がって形成されます。それには足裏の三点が漠然とした点ではなく、明確な一点で、地面に対して垂直に力を伝えなくてはいけません。

力を伝える方向が斜めになったり、母趾球や小趾球ではなく親指や小指で地面を押していたり、踵の内側や外側だったりと、実際の三点の位置が認識とずれているとアーチはうまく形成されません。うまく形成されないまま運動し続けると、足部に備わっている本来のクッション機能が働かず、全身の運動負荷に耐えられなくなって怪我を起こしやすくなります。

正しい立ち方と足裏三点に導くためには、5本の足指が正しいアライメント（骨の配列）にそって伸びていることも大切です。特に外反母趾（足の親指が人差し指側に傾き、母趾球が外に飛び出ること）や、内反小趾（足の小指が薬指側に傾き、小趾球が外に飛び出ること）では、アーチの形成や獲得が難しいため、改善するためのエクササイズを追加することになります。足裏の三点はすべて大切ですが、特に大切なのは母趾球です。身体が硬い、凹脚、軸

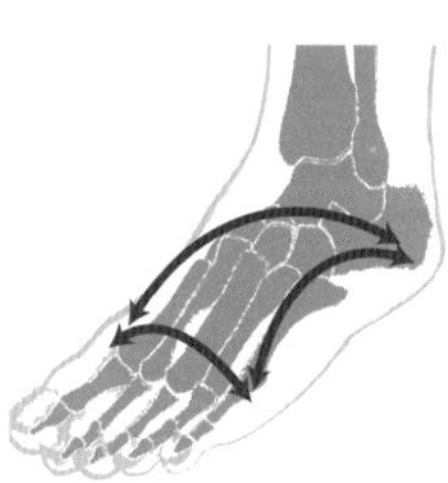

足裏の３つのアーチ

足裏のアーチは、母趾球・小趾球・踵を結ぶ３つのアーチで構成されます。

が分からない、姿勢が悪い、全身に力が入りにくい、股関節が詰まりやすい、という人は母趾球で地面を押す感覚がない場合が多い印象です。よってまずは魔女トレによって母趾球、小趾球、踵の三点に均等に力がかかる状態を目指しましょう。

「地面を押す」というと、つい力まかせに押し付けたくなりますが、三点に均等に体重が乗ると一点にかかる力はさほど大きくありません。

足裏全体が足跡の形で地面に触れている時、土踏まず以外の部分はリラックスして地面に接し、5本の指も力むことなくすっと伸びています。直立状態なら、体重はおよそ内くるぶしの真下にストンと落ちます。しかし、そもそも足裏の感覚が鈍く、どう接地しているのかさえ分からない人が多いのが現状です。だからこそ足指をストレッチし、足指の間に手指を入れるなどしてアライメントを整え、握ったり触れたりして柔らかい足裏をつくる必要があるのです。足裏が柔らかくなれば身体の感度が上がり、足首や股関節などの関節の丁度良いはまり具合を感じられるようになります。このようなことは運動神経の良し悪しに関係なく、誰にでも起こります。

日々の生活の中で時折立ち止まり、足裏三点にまんべんなく体重が乗っているか、足裏に意識を向ける時間を意識して増やしてみてください。

足裏は感覚器

身体能力が高い人に多くみられる共通点は、足指の間と足裏の柔らかさです。足裏が柔らかければ感覚器・センサーとしての機能が発揮されやすくなります。神経が素早く正確に情報を伝達させられるからです。そのためには筋肉に過度の緊張が起こらないような状態をつくってあげなければいけません。

足には片足26個の骨があります。その26個の骨たちがそれぞれ独立しつつ、適切に動ける環境にあることが、足裏のセンサーを働きやすくするのに必要です。足裏のアーチも骨と骨の位置が関係しています。一部の骨が捻挫などによって動きが悪くなると、その隣の骨もまた動かなくなり、行き場を失った骨が詰まり、連鎖的に狂っていってしまうのです。そこに大きな負荷（体重）がかかれば、動かない筋肉が硬直します。足全体の構造が崩れ、筋肉や靭帯の張力が機能しなくなり、足が持つ構造的な弾力を失うのです。

足は芸術品

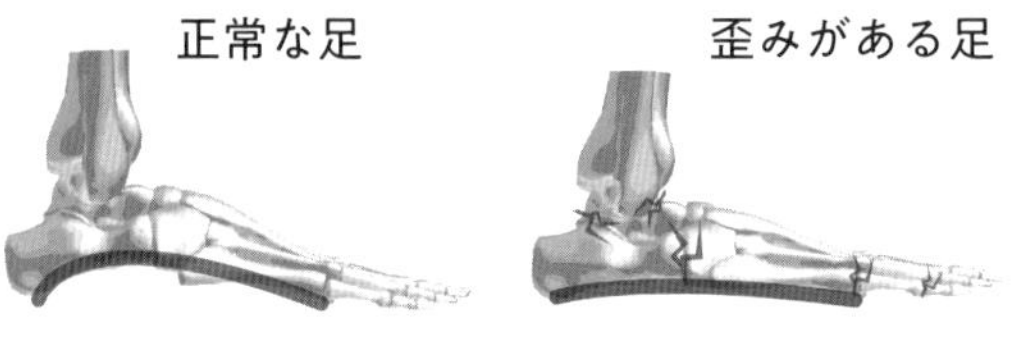

人間の足の骨は26個で構成されていて、その構造の見事さをレオナルド・ダ・ヴィンチは「足は、人間工学上の傑作であり、最高の芸術作品である」と書き残しています。その一方で、1つの骨の歪みが連鎖的に他の骨に影響を与え、その結果、身体全体のバランスを崩す原因にもなります。

足裏のアーチと体幹深部の筋肉、そして横隔膜は連動しています。足裏の柔らかさと弾力は、体幹と背骨にしなやかさをもたらし、その力を発揮させるのに不可欠なのです。そのための最善策は骨と骨との位置関係、つまりアライメントを正すことです。

もしねじれを生んでいる関節があれば、そのねじれを改善します。神経を通わせることができれば、筋群の働き方が変わり、結果的に脚の形も変わります。足裏、つまり土台が変わることで、こうした影響が一瞬で起こることもあります。

歪んだ足裏は、まず整えるのが先決です。整えたあとは鍛えることが必要になりますが、足に特化した方法で鍛えるのは、筋肉ではなく感覚です。「筋肉を使えているぞ」という実感は筋肉を鍛えていますが、足部で大切なのは「関節が動いているぞ」という感覚です。この違いを明確に分けておきましょう。必要な筋肉は結果的に身につくことが良く、全身のバランスを無視しながら足裏の筋肉のみを肥大させるような取り組みはしないようにしましょう。

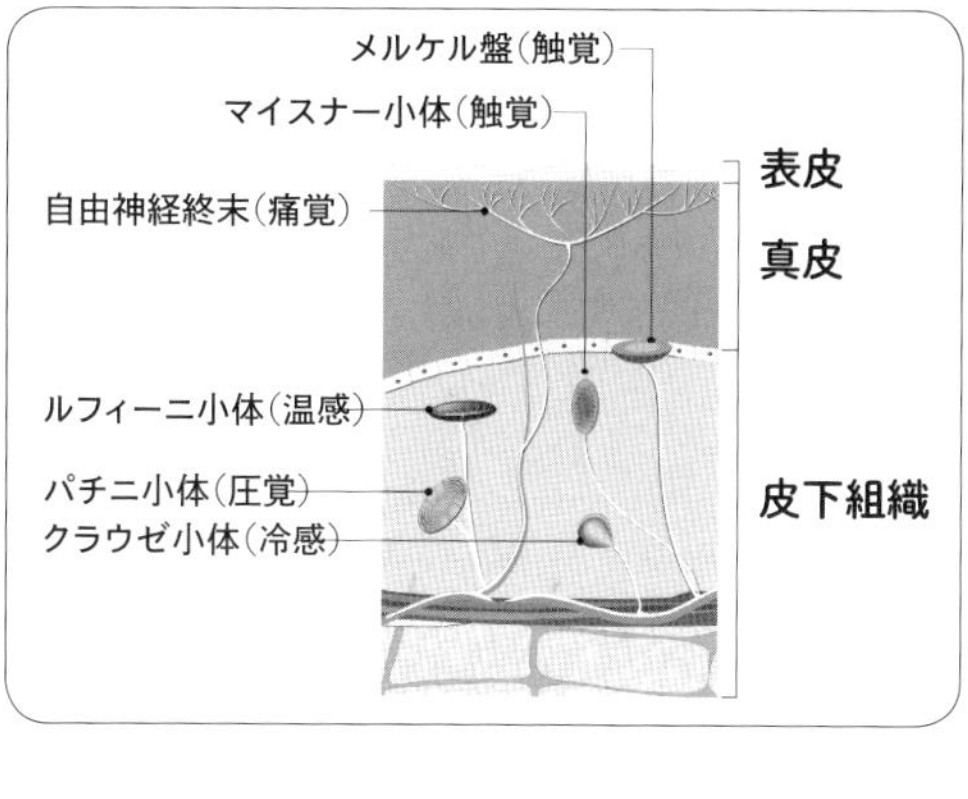

皮膚の構造

足裏には圧力・温度・痛みなどを感じる感覚受容器（自由神経終末・メルケル盤・マイスナー小体・ルフィーニ小体・パチニ小体・クラウゼ小体）があります。
これら感覚器からの情報が神経を通り脊髄・脳に送られ、適切な反応・運動が生まれます。
足指・足裏を整え活性化することにより、感覚器はより精度が高まり、運動の質が変わってきます。

足指をグーパーさせる、親指だけ、小指だけ、親指と小指だけを地面につける……などなど、足指の動作チェックで確かめるのは、あくまでも神経が通っているかどうかです。ちゃんと働いてくれていることを確認したら、地面は「つかもう」とはせず、「とらえる」のみにとどめます。最大筋力ではなく、神経を通すことを目指してください。雑な取り組みではうまく通いません。丁寧に、集中して取り組みましょう。

足指は脳から最も遠い位置にあります。そのためよほど状態の良い身体でなければ、指令を届けてスムーズに動かすことはできません。「ながらトレーニング」は禁物です。本質を極めたいなら、心の準備をして、姿勢に歪みのない状態で足指トレーニングを行いましょう。

「骨」の感覚がインナーマッスルを働かせる

私が足裏で地面をとらえることを重視するのは「骨で立つ」感覚を得るためでもあります。筋肉が硬くなっていると、足裏で骨が地面に当たる感覚は分かりません。しかし魔女トレで丁寧に足指、足裏、足の甲をほぐせば、足にあるいくつもの関節が動くようになります。すると神経の伝達が良くなって感度が上がります。同時に筋肉に埋もれていた骨が現れ、骨で地面を押している、あるいは地面が足に吸い付いてくる感覚が芽生えます。

足裏のアーチのところで書いたように、足裏の骨が正しく地面に向いていなければアーチは生まれません。正しい配列でしっかり押すことでアーチが生まれて、体幹が使えるようになります。それにはまず骨がどの方向を向き、どんな状態なのかが分かるよう、骨の感覚をつかむ必要があります。

骨で立つこと

「骨で立つ」感覚が分かってくると、足裏でしっかり地面を押せ、足から股関節・上体につながる筋肉が働きます。

私は「骨で立つ感覚」と「骨を感じようとする意識」は、インナーマッスル（深層筋）を活用し、パフォーマンスを高めるうえで不可欠だと考えています。インナーマッスルが感じられるような繊細な感覚の持ち主はそう多くはありません。特別なトレーニングをしていない人が感じているのは、主に皮膚が引っ張られる感覚や、アウターマッスル（表層筋）の筋肉が収縮する感覚でしょう。アウターマッスルは大きな動きや強い力を生み出す際に働きます。そのためアウターマッスルを優先的に鍛えている人は感覚がアウターマッスルに引っ張られ、インナーマッスルの繊細な感覚が分からなくなってしまう傾向にあります。

身体は筋肉が何層にも重なって構成されています。人体には650種類もの筋肉があると言われており、その9割はインナーマッスルです。アウターマッスルは大きいため筋肉の量だけで比較すればインナーマッスルと大差ありませんが、種類の豊富さが段違いなのです。

インナーマッスルは全身に存在します。姿勢の保持、脊柱の安定性、内臓の配置を担い、肩関節や股関節といった関節の複雑な動きを実現します。

関節の回転軸に近い筋肉が働くほど、末端が速く動きます。つまりインナーマッスルが最初に作用すれば小さな力で大きな効果を発揮することができます。しかし先にアウターマッスルが働くと、回転軸から離れたところに強い力が働くため、骨の位置関係がズレたり、エネルギーや神経の伝達がうまくいかなくなったりしてしまいます。骨を意識し、骨から動くよう努めることは、特定の筋肉だけではなく骨に付着する筋肉すべてに働きかけることにもつながります。運動の目的が達成されるためには、全身〝すべて〟の筋肉が効果的・効率的に働いたほうが良いのです。特定の筋肉をイメージし意識して使うことは、裏を返せばその他の筋肉が動かずにお休みしてしまうことになりかねません。しかし骨を動かすように意識すれば、骨の前側後側、右側左側、内側外側に付着するすべての筋肉に働きかけることになり、関節の回転軸に近い筋肉から働き、効率良く作用する身体の状態・動きを生みやすくなります。それにより全身の連動性が高まるからです。

しかしながら実際には日常のあらゆるシーンで特定の筋肉のみが使われ、使いにくい筋肉や小さな筋肉は使われずに眠ってしまっています。特に使えていないのが、背中側の筋肉です。踵で地面を押すことが少なく、座りっぱなしの生活で猫背や円背になっていたり股関節のインナーマッスルが弱くなったり、硬くなったりしてしまっている方が多くなっています。

股関節のインナーマッスルとして特に重要なのは、お尻の奥にある深層外旋六筋（128頁参照）です。これは自由度の高い部位である股関節の動きのほとんどに関わる重要な筋群です。この筋群が作用するために重要なのが、下半身では足の小指です。小指がパーにならない人や小指で地面を押せない人は、股関節の外旋がうまくできていません。小指をパーにすることはアライメントを正しくすることであり、足裏三点の一つである小趾球で地面を押して、股関節を安定させることにも関与しているのです。

ピッタリとした靴で長時間締め付けられた足は、靴を脱いでも小指が薬指にくっついたままになっています。その場合はなるべく裸足になって、小指を動かしたり、ほぐしたりして指が開くようにする努力をしてください。小さな習慣だけでも身体の改善や悪化防止は可能です。

ちなみにバレエダンサーもトゥシューズの中では指が締め付けられていますが、トゥシューズを履く前の段階で、足指が5本ともしっかりと地面を押せて神経が通った足(基礎)と、バレエの三原則を守れるだけの力(姿勢・体幹部分など)を身につけます。先の細い靴を履かざるを得ない競技の人は、余計に足指の正しいアライメントや足裏の感覚を身につけ、ケアを怠らないようにしましょう。

魔女の足指分析

私は次のような手順で足指から全身を分析します。

①相手に長座になってもらう。
②相手の足指に手を入れる。
③足指を握ってもらう。
④その人の身体を分析する。

足裏は身体のセンサーです。感覚器や反射区があります。足指を握った時に身体のどの部分が動き出すのか。相手の足の情報を、手の感触と目で身体の変化を見ることで分析します。

ぜひパートナーや親子で①~④をやってみてください。人によって足はまったく異なりますので、違いを確かめるのも楽しいでしょう。

私のYouTubeやセミナーでは自分の足と手をつなぎ、「**足指で手を強く握ってください**」と言っています。足指を機能させるため、神経を通わせるためにそのように話しています。

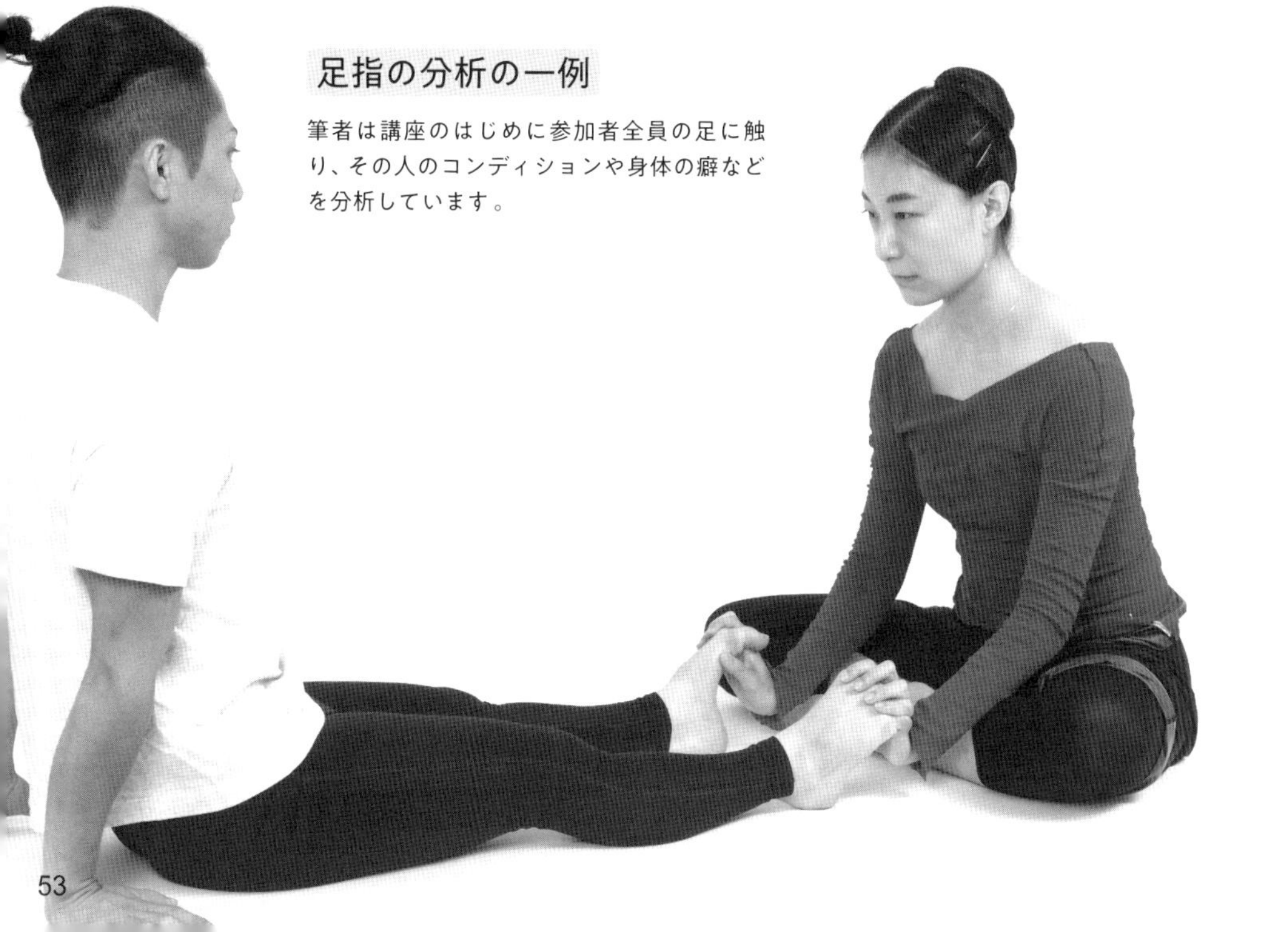

足指の分析の一例

筆者は講座のはじめに参加者全員の足に触り、その人のコンディションや身体の癖などを分析しています。

足指で握る力が強いから身体能力が高いとは限りません。理想は全身の筋肉がバランス良く発揮されていることです。なぜならその時、その人の身体が持つ才能・ポテンシャルが最も発揮されるのです。バランスが良い時には骨の配列が整い、神経のつながりに滞りがなく、関節を包むすべての筋肉が適切な割合で発揮され、偏りや無理のない状態が継続されます。

足指を握った瞬間に背骨も連動する人は、身体能力が高い傾向があります。足指を握った瞬間に太ももの前側がパンパンに力む人、股関節が詰まる人は怪我をしやすい傾向にあります。それは体幹深部の筋肉と連動するはずの腿裏の働きが制限されたり、身体の感度が鈍って無理をしていることに気づかず運動をやり続けてしまいがちだからです。

また、過去の捻挫も足の崩れを生む大きな要因です。運動実施者の多くが一度は捻挫をしたことがあるでしょう。しかし一度でも捻挫でゆるんだ靭帯は時間が経っても元に戻りません。その影響は他の靭帯や骨を通じて、連鎖的に足全体へと及ぶのです。足首を何度も捻挫した人は足の親指側が地面から上がり慢性的に捻挫のような形になっていて、そのままバランスの崩れた足（土台）で暮らしているとポテンシャルが発揮されにくい身体になってしまいます。

しかし悪化を防ぐ方法はあります。それは前述したように5本の指がまんべんなく伸びているようにすることです。もう一つ効果的なのは、足裏が身体の裏側（アキレス腱、膝裏、腿裏、股関節の後ろ側）、丹田や体幹内部とつながりを持ち、通っていると意識すること、あるいは一度でも体験することです。いくらかの集中力を要しますが、ほとんどの人に有効です。

私のセミナーの参加者もそうやって、「自分の身体は自分で変えられる」という体験をされています。

三つの首について

「首」がつく部位はとても重要とされています。

私は子どもの頃、健康を常に気遣う祖母から、「三つの首は絶対に冷やすな」と言われてきました。「首・手首・足首」という三つの首を整えることは身体をつなげて、パフォーマンスを上げることにも深く関係しています。「現代人は〝首・手首・足首〟に錠がかけられていて身動きがとりにくい状態になっている」ともいえます。

「錠＝ロック《lock》」です。踊る時に手首が変に曲がっている人は手首をロックしています。パソコンも手首をロックさせることで作業効率を上げている方も多いでしょう。スマホの指タップも手首をロックさせて使う人ばかりです。

サッカーやフットサルなどは、その競技特性から足首をロックしがちです。靴をきちんと履かないで引きずる人も足首がロックしており、それが身体の悪い使い方を習慣化させてしまいます。足指が弱い人や末端の感覚が鈍い人も、不安定感によって無意識にロックがかかります。テレビやスマホを凝視すれば、眼球運動が止まり、呼吸が浅くなり、首がロックされてしまいます。体幹の弱さを首でまかなう人もいます。

魔女トレでは足や足裏を重視しますが、その大切さは昔から知られていました。しかしなぜいまになって突然、注目が集まったのか。それはもしかしたら、多くの人の身体が足から崩れてしまっているためかも知れません。その要因は色々とあるので、誰に責任があるというわけではありません。しかし改善方法ならあります。アスリートやパフォーマンスを上げたいと切に願う人に向き合ってほしいのが自分の身体であり、自身の足です。

ロックしがちな3つの首

パソコンを使っている人の多くが首、手首、足首をロックさせています。

足の硬さの原因としての「目」

身体の不調や全身の硬さを悩む人の多くは足が硬い場合が多いです。特に硬くなった足首。多くの足に触れてみると、その硬さには様々な種類がありました。

・筋肉の疲労。
・足首の骨の構造や機構の崩れ。
など足の硬さをつくる要因は様々。


実は「目」も足の硬さに関係があります。

脳機能や機能神経学に深く踏み込むことになるので詳しい解説は避けますが、目の動きという刺激（眼球運動をする）を与えるだけで、足首や足の甲が柔らかくなることもあります。

これは次のような神経系の連鎖反応に起因します。


神経系の変化→筋肉の動きが生じる→骨の位置が変わる→関節位置が適切な場所に収まる→別の筋肉が動き出す→全身に作用する

ここに挙げた流れはほんの一例です。身体には未解明な複雑な機構が備わっているので、すべてを説明しきることはできません。

現時点で分かっていることは、目は「外に出ている脳」と言われるほど、脳機能に多大な影響力を持つということです。

・目を動かす。
・物を見る。
・目でとらえたものを追いかける。
といった眼球運動によって、交感神経の過活動による慢性的な緊張の緩和、副交感神経の低下による自律神経の乱れの改善、筋出力・運動コントロールの改善、姿勢の改善などをもたらすと言われています。これは目に関係する神経が全身に関係していること、脳神経への影響が全身へと伝わることに由来します。
このメカニズムは大変複雑なのですが、要は神経が適切につながることで筋出力が上がり、身体の可動性が高まって、柔軟性も向上すると理解すれば良いでしょう。

しかし、ただ目を使えば良いというわけではありません。なぜなら現代社会はほとんどの人がテレビ、パソコン、スマホなどで目を酷使しているからです。これらの電子機器を見続ける際、人は無意識に利き目だけを使って見ています。そのため幼いうちからパソコンやタブレット、スマホの画面を見ている現代の子どもたちの間では斜視の子や両目の大きさが違う子が増えています。これには何

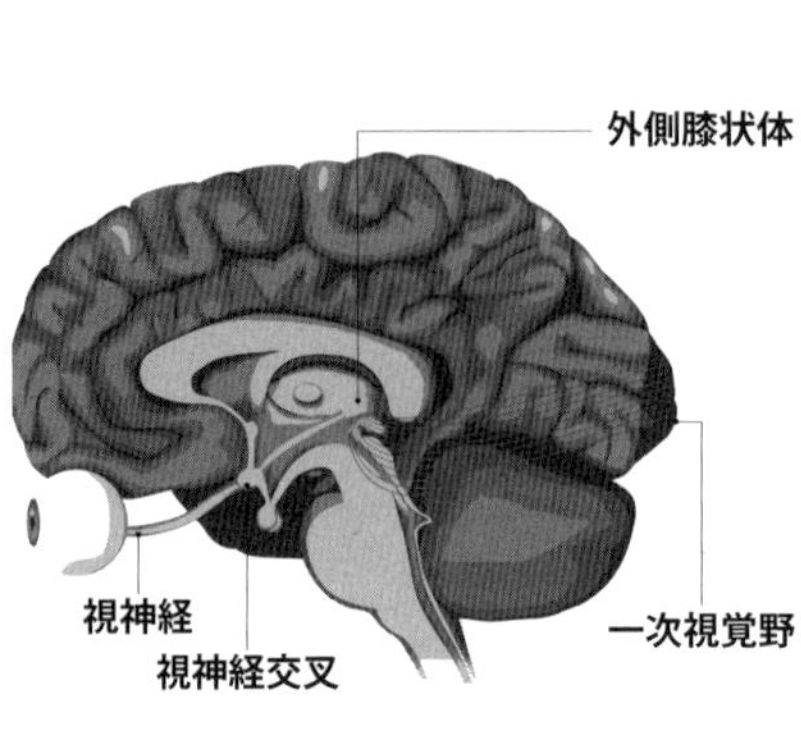

目と脳の関係

目の網膜から入った情報は視覚性インパルスとして視神経を通り、視神経交叉で情報の半分を左右交叉させて外側膝状体へ送られます。この外側膝状体でフォーカスや輪郭などが調節され、くっきりとした像として後頭葉の一次視覚野に入り認識するわけです。言い換えれば私たちは「脳で物を見ている」わけです。

年も前から眼科医が警鐘を鳴らしています。前述したように目は全身の神経機能に大きな影響を与えるため、利き目ばかり使えば、脳からの指令が全身に行き届くための大事な通路である首が歪み、結果として身体の偏りが生まれてしまいます。

利き目だけを使うようになってしまう要因には、全身を力いっぱいに使う運動（使わざるを得ないような状況）や多種多様な運動を行う機会の減少、怪我の影響による感覚刺激の減少なども挙げられます。身体の発育・発達と退化・衰弱には刺激の入力と出力が関係します。身体からの刺激が脳機能を刺激し、それによって視覚という感性が活性化します。感覚刺激が減少すれば、その機構が滞ることになります。そのため、利き目を閉じ、反対側の目を主に使うような時間を設け、利き目と反対の目で歩いたり走ったり、片足バランスをしてみると良いです。これは長時間行うのは避け、1日1回15分程度を毎日行うと良いでしょう。

目で動く物を追うことの重要性

目は通常6つの外眼筋（上直筋・下直筋・外直筋・内直筋・上斜第・下斜筋）で動かされています。ところがスマートフォンやパソコンなどの固定した画面上で視線を動かす時には、後頭部にある深層筋（後頭下筋群）が使われます。この筋肉群の使い過ぎが、眼精疲労や肩コリの原因の1つであると考えられています。また人間の発達段階では、動く物を身体と目で追うことが大事であることを考えると、子どもの頃からこうした目の使い方を長時間続けることは避けたほうが良いでしょう。

魔女トレ～目の使い方～

目を使うことを推奨してきましたが、重要なのは「目の表面」で見ずに、ちょうど目の真裏にあたる**「後頭部から見る」**ことを意識することです。

「視線を送る時は、頭の後ろから（目を経由して）見なさい」。私はバレエの師匠にそう教わりました。

表現の世界では視線も効果的に使います。バレエの劇場はとても大きく、一番遠くの席からは豆粒くらいにしか見えません。それくらい遠くても、どこを向いて、誰にどのような想いを寄せているかが伝わるような身体の使い方、視線の向け方、姿勢づくりをしなければなりません。師匠に視線の送り方を教わった時、目の表面で見るようにすると現実的な目と身体になり、後頭部から見ると夢の世界にいるような、表現者の身体になるような感覚が起こり、まさに腑に落ちる経験をしました。

目の後ろから見る感覚がよく分からない人は、右手を後頭部の真ん中より下に置き、目の後ろを感じるようにしてみてください。
　正しくできた時には、「丹田に気が集まる」「下腹部がもやっと／きゅーっと／ストンと落ちる感覚がくる」「足裏の踵の骨で押す感覚が出てくる」といった反応が起きます。なお、この反応は一瞬で起こる人やじわりじわりと起こる人など、速度に個人差があります。目を動かしたり、ビジョントレーニングなどをしたりする際は、必ず目の奥（瞳の奥）から見る（観る）ようにしてください。

　ここでも姿勢が大変重要です。椅子に座っている時は両方の坐骨が椅子に、立っている時は両足裏がしっかりと地面についている状態にして行ってください。首の後ろが長い状態（小さい子どもたちには「キリンさんのおくび」と伝えています）にし、背骨の延長上に頭があるようにします。首と頭の間に隙間をつくるような感覚です。顎が前に出て首が背骨から真っ直ぐ伸びていない状態では正確に目が機能せず、体幹や丹田に力が入らず、むしろ身体にマイナスとなることさえあるので、必ず守るようにしてください。

後頭部から見る

目を使う時に後頭部から見るように意識すると、目の疲れ方が変わります。また姿勢も自然に整います。

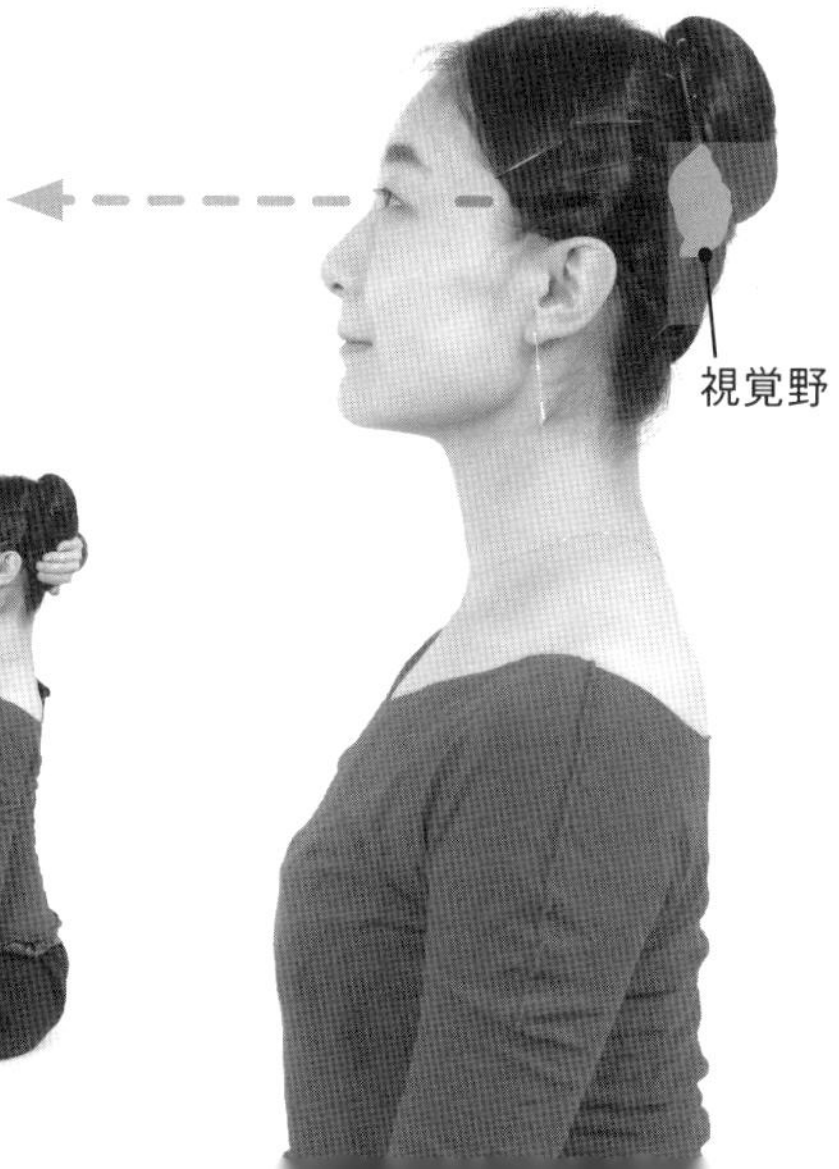

分かりにくい時には目を閉じて後頭部に手を当てると良いでしょう。

丹田について

「柔らかさ」と「しなやかさ」

体幹と胴体。

この部位の「強さ」や「柔らかさ」はよく語られても、「しなやかさ」についてはあまり語られていないように思います。

「しなやかである」ことについて、皆さんはどんなイメージを抱くでしょうか。

以前、セミナーでこの質問をしたら、様々な回答がありました。言葉のイメージとはその人の競技や背景、経験などによってそれぞれ異なるため、なかなか共有しにくいものです。

私は「しなやかさ」とは**「強さと柔らかさが共存していること」**だと思っています。強い芯でも融通の利かない頑固な芯ではなく**「しなる」**ことができること。ただ柔らかいだけで惰性に流れやすい状態ではなく、広がりながらまとまる能力、縮む力と戻る力※を備えた伸びる能力があること。この強さと柔らかさが共存するしなやかさを生むためには、体幹の筋肉が

※戻る力＝リラックスする能力とも言い換えられます。意外に勘違いしている人が多いのですが、筋肉は自力では縮むことしかできません。ですからスムーズに戻るためにはリラックスして戻る動きを邪魔しないことが大事なのです。

まんべんなく動く必要があります。

身体はテンセグリティ構造（131頁参照）と呼ばれる構造で成り立っていますが、その鍵は様々な意味でバランスです。普通の人はトレーニングしなければ、ゆるい関節とそうでない関節があるなど、各部位の柔らかさにムラがあるものです。どこか一箇所でも動きが悪かったり、伸び切ったゴムのようになってしまうと、筋肉と骨組みの調和が崩れ、一部の筋肉のみに負担が集まる非効率な身体になってしまいます。

二つの「柔らかさ」

「身体が柔らかいと怪我をしにくい」としばしば言われますが、ここでの「柔らかさ」とは具体的に何を示しているのでしょうか？　同じ「関節の可動域が広い」状態でも、二つの異なる意味合いがあります。

A　自分が身体を動かして広がる可動域

B　誰かに動かされて広がる可動域

これらはどちらも「関節の可動域が広い」とされますが、意味がまるで異なります。たとえば、地面にべたっと開脚できるのはBです。競技力アップや動きの質的改善を目指すなら身につけるべきはAのほう。Bはただ関節がゆるいというだけの場合があります。Bの場合、脱臼を起こしたり、関節位置がずれ変形しやすくなったり、運動で生じる慣性の力に負けてしまい四肢のコントロールが効かないことも多いです。

私が言う「身体がつながっている状態」とは、次の三つすべてがそろっている時のことを指します。

感覚として…「自分の身体が末端から末端まで知覚できている」状態
構造として…「アライメントが整っている」状態
機能として…「動員される筋肉に偏りが少なくバランスが整っていて神経が通っている」状態

これらの条件がそろうことで、身体は思ったとおりに動いてくれます。

ストレッチをしたらすぐに身体が柔らかくなった、という人は関節がゆるい傾向があります。バレエやダンスを習う人の場合は競技特性上、標準以上の可動域が必要で、関節がゆるくなるような過度なストレッチが要求されます。

関節をより柔軟にすることによって楽に手足を動かせる、脚が上がるのは事実です。しかし、気をつけなければならないのは、そういう場合にコントロール能力を同時に鍛えなければ怪我をしやすくなります。海外のバレエ団の中には、ただ可動域を広げても効果的ではないばかりか危険もあるとしてウォーミングアップにストレッチではなく筋トレに近いエクササイズを取り入れているところもあります（ここではもともと身体がバレエのために鍛錬された身体を持つ人の集団である、という前提を念頭に置いておく必要がありますが）。

ストレッチに時間をかけ熱心に努力して可動域を広げた人は可動域を制御して四肢をコントロールできる力が必要になります。その力を身につける方法は、末端の神経を刺激することです。

まずは末端の手足を感じることから始めてください。またストレッチの時、「伸ばしたい部位を意識して」と言われ、私はそれだけではうまくストレッチできていない人をよく見かけます。

私がおすすめしたいのは「末端（手のひら、足の裏、頭のてっぺん）に感覚があることを確認する」、その後で「伸ばしたい部位を意識する（ただし末端の感覚のほうが感度の高い状態を維持する）」という方法です。実はいわゆる〝運動神経の良い人〟はこれを動きの前提として自然にやっているのです。

「柔らかさ」と「コントロール」

関節が柔らかいことは大事ですが、それだけでは「ただ柔らかいだけ」です。必要なのは柔らかい関節を「正しくコントロールする能力」です。そのためには末端をしっかり感じることが必要です。

現在でも多くのダンス教室やスポーツ教室、健康を目的としたエクササイズを提供する場所などではストレッチが推奨されています。それは実施者が踊りや競技における動作の質よりも、本人の満足感や健康になった気分を重視する傾向が高まっているからという背景もあるのではと思います。

しかし、もし指導者が「経験的にそうだったから」という理由で今も昔も変わらない方法をとっている場合、考えを改めなければならないこともあります。なぜなら、30年前の人と現代の人は、身体の状態や性能がまるで違うからです。運動量も生活スタイルも食事もストレスもなにもかも異なるのです。30年前には効果的だったストレッチが、現代を生きる私たちには通用しないというケースがしばしば起こっているようです。本質を知っている指導者・競技者でなければ、時代や身体が変わった時、適切な修正をほどこすことはできません。そのため、身体とはどういうものであるかを常に学び続けなければなりません。

さて関節がゆるい身体の人にとっては、筋力アップを目指す一般的な筋トレ（腕立て、上体を起こす腹筋や背筋、スクワットなどどんなものでも）は四肢のコントロール能力を上げるために必要ですが、その能力が上がる人とそうでない人がいます。

その違いの一因が、丹田に力が入っているかどうかだと私は思っています。

足指に意識を向かわせるためには、手の指をしっかり意識することも大事です。

私が教わった丹田とは、臍下三寸（おへその下9センチ）のあたりです。そこに頑張って力を入れるのではなく、身体全体が適切なところ（関節位置）にあると、自然と丹田に力が入るのです。立っている状態で股関節を適切なところに収めるには、身体を下から積み直す必要があります。つまりここでも、足が適切に地面を押せているかどうかが要となります。

丹田とは、筋肉や臓器のように物質的な器官があるわけではなく、概念です。私は臍下三寸と習いましたし、皆さまにもそう伝えていますが、ヨガの世界では指3本下と言われています。実際には人それぞれ体型に個人差があるので、脚の長さや胴の太さなどで微妙に位置が異なります。

魔女トレで行う丹田のワークでは、

「親指をおへそに置き、小指が当たるところ（指5本下）」

と指導しています。要は「だいたいそのあたり」で良いということです。おへそより下のあたりが大事だと思っておけばいいでしょう。

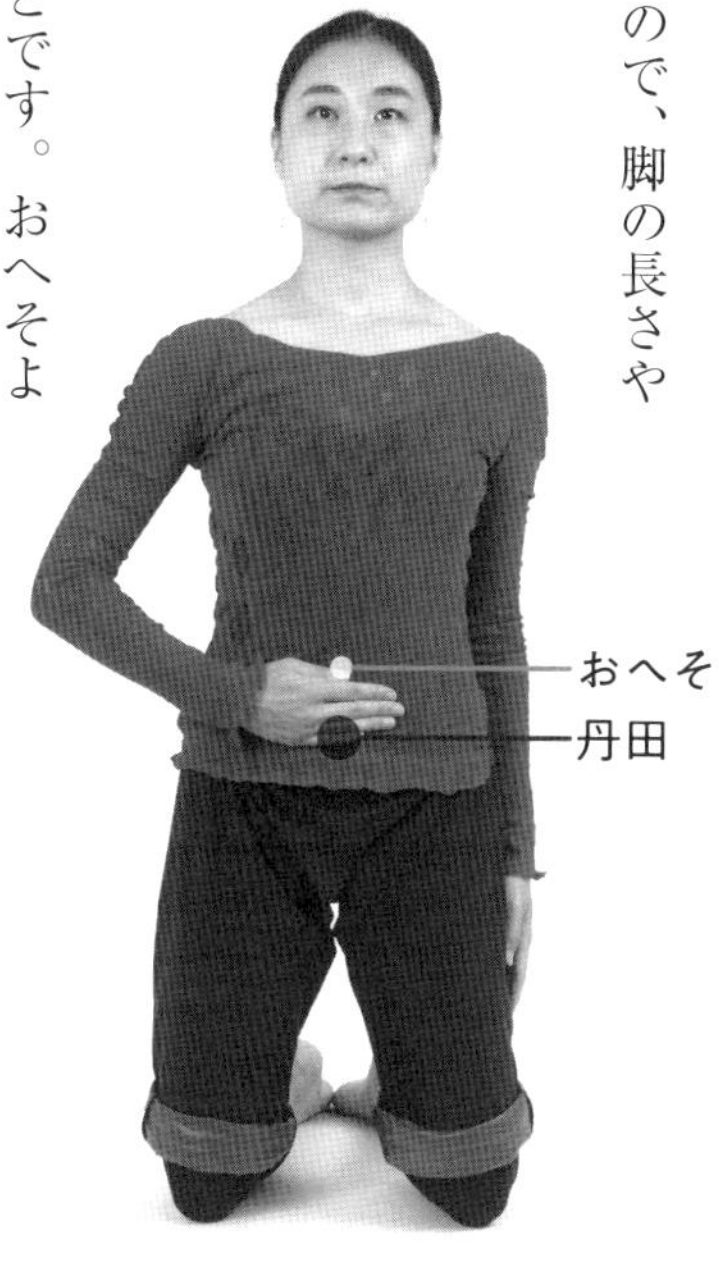

丹田を感じる

丹田は概念ですのでどこに感じるかは個人差があります。あくまでも目安として考えてください。

丹田を膨らませるトレーニング（詳しくは第3章を参照）をすると、多くの人がおへそやおへそより上の部分を膨らませてしまいます。下腹部を発揮させる感覚が、分からなくなってしまっているのです。私自身も長い間バレエではお腹ばかりを引き上げ、丹田を膨らませることは一切やりませんでした。お腹が出ているのは太って見えてカッコ悪く思えたことで余計にそうしていた部分もあるのですが、バレエ教室で身体がよく動き、柔軟性があり、ジャンプも跳べる人の下腹はふんわりとふっくらしていました。それがずっと疑問だったのですが、おそらく丹田が機能している証拠だったのでしょう。

丹田というと武道家の大きなお腹をイメージする人が多いと思いますが、細い人にも細いなりにおへその下のふんわりふっくら感で丹田が存在しています。このふんわりふっくら感は、ただ体幹のないだらしないだけの状態と見分けがつきにくいかも知れません。しかし丹田に力を入れることができるかどうかで判別することができます。

丹田のワークのあとで立ってみると、身体が安定する感覚、肩をはじめ全身が軽くなったような感覚、足裏で地面を押している感覚、身体の外側は軽いのに中身は密度が濃くなったような感覚が起こるでしょう。また、その後で足首をストレッチすると痛みが緩和していることもあります。丹田が活性化すると、痛みにも強くなるのです。

丹田を膨らませる感覚は、和式トイレで便を出す感覚と同じです。昔の人々はそれで自然に丹田が鍛えられていました。しかしいままでは、しゃがむこともできない人が増えています。それだけ足首や股関節が固くなり、丹田の力が失われているのです。丹田を鍛え、足首をストレッチすればしゃがめるようになります。

丹田と足指

丹田は足指足裏と密接な関係があります。

魔女トレではまずはじめに足指の間に手指を入れ、手と足で握り合います。その時、5本の指にまんべんなく力が入っていることを確認します。はじめから5本の指すべてに力が入る人はいませんので、必ず1本ずつ確かめましょう。足首や足先の向きや角度を微妙に変えていくと、5本の指に均等に力が入るポジションが必ずあります。そのポジションを見つけたらゆっくりと10秒握り続けてください。すると丹田に何らかの感覚が生まれるのが分かるでしょう。熱くなる、モヤッとする、キューっとなる、なにかがいる感じがするなど、感じ方はそれぞれです。足指が5本均等に力が入る時、足裏全体が活性化されています。その時には丹田も発動します。つまり足指全部、足裏全体が機能し、丹田が働いていれば、歩いたり、走ったり、運動したりするほど丹田が発達するという関係があるのです。足と丹田は、足から丹田へ、丹田から足と双方向的に関係し合っているのです。

私自身の身体も魔女トレによって変化し続けています。ある日のトレーニング前、足指の間をじっくりとストレッチしていると、骨盤の中がぺりぺりぺりとはがれるような音がして、弾力が増していくような感覚がありました。動いてみると、ぐっと力は入れられるけれど過緊張には至らない、適応能力の高い身体となっていました。日々、丹田と足首の関係性を密にしておけば、触ることのできない身体内部にもアクセスしやすくなります。腕の良い治療家に頼らずとも自分自身でケアできるようになるのです。

足指から丹田を感じる

足指と手の指をしっかり握り合うことができると、丹田に反応があります。詳しくは第３章で説明しています。

足指で太ももや股関節が変わる

5本ある指を1本ずつ明確に使えるようにすることも、とても大切です。足の親指と母趾球は、太ももの内側にある内転筋や恥骨近くの筋肉のスイッチになります。また小指は太ももの外側～裏側にある筋肉（ハムストリングスなど）や骨盤後ろ側にある股関節の外旋筋のスイッチになります。小指がパーにできない人はお尻が使えておらず、母趾球を真下に下ろして地面をとらえることもできません。

母趾球で真下に地面を押せてはじめて、身体の内側にあるラインにスイッチが入ります。そのため外反母趾では、母趾球で垂直に地面を押すことができません。外反母趾の人は、たとえ膝を正面に向けて真っ直ぐウォーキングしているつもりでも、母趾球で正しく地面を押せていない可能性があります。なのでまずは母趾球を垂直に下ろせるようになるために足の構造の修正、地道な母趾球トレーニング、足首回しなどを続ける必要があります。

指先と股関節の関係

親指と太ももの内側（左写真）、小指と太ももの外側（右写真）はつながっているので、足指がしっかり動き出すと股関節の動きが変わります。

股関節への小指の影響

豆粒のように小さな小指が、股関節という大きなパワーを生み出す部位に大きな影響を及ぼしていることをぜひ知っておいてください。ほとんどの人が、小指が薬指に寄った「内反小趾」と呼ばれる形になっています。運動不足や靴による保護の影響で退化してしまったのでしょう。

小指をパーにして小趾球で地面をとらえるには、アライメントを整える必要があります。中足骨上を走る腱の延長線上に真っ直ぐに伸びるライン上にあるのが、小指の正しい位置です。

小指の影響を簡単に体験できる実験があります。

なにか重いものを持ってスクワットしてみてください（左頁写真参照）。これを普段どおりの小指の位置と、正しい位置に開いた小指で比較します。指の間に物を挟んだり、誰かに押さえてもらったりして小指の位置を整えると良いでしょう。

すると重さの感じ方がまったく変わると思います。

小指を正しい位置に置くことで股関節の可動性が増し、腰を上げる動作も「膝を伸ばす」感覚から「足裏で地面を押す」感覚に変わります。お尻の奥から腿裏の筋肉が使われるようになります。いくらトレーニングしてもなかなか股関節が使えない、お尻が利かないという人は小指の使い方を正すことをおすすめします。

小指を伸ばすと身体が変わる

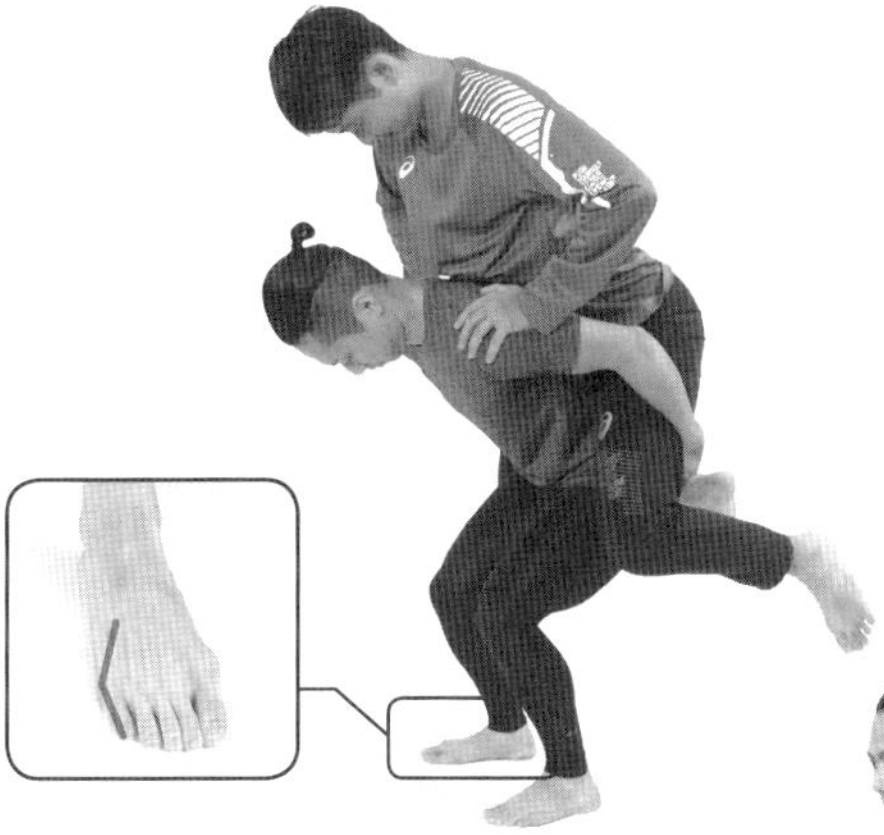

小指の先が中足骨から折れ曲がっていると、足裏でしっかり地面を押すことができないため、膝に負担がかかります。

小指を真っ直ぐに伸ばすと、

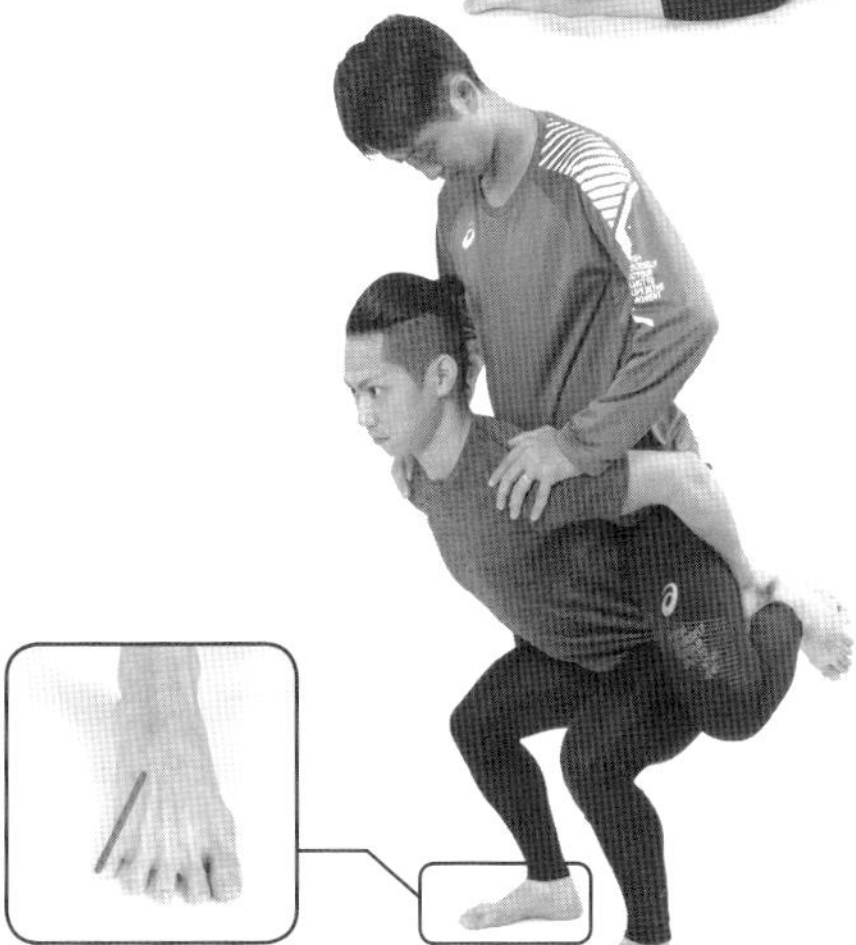

今度はしっかり足裏が地面を押せて、指先から股関節までが一体になって支えることができます。

トレーニングを行う際は裸足が理想ですが、安全面の考慮から靴を履かざるを得ない人は、必ず小指の感覚や可動性を確認してから靴を履くようにしてください。トレーニング効果が変わるはずです。小指を開くことができれば踵の骨の感覚も出現します。つまり母趾球・小趾球・踵の足裏三点が感覚として生まれて、股関節がうまく使えるようになるのです。すると同時に丹田も発動し、自然と胸が張り肩が落ちて、背骨がすっと伸びた姿勢をつくれるかと思います。

親指側だけ、小指側だけ、踵側だけといったような偏った体重の乗り方になっていると、身体に入力される刺激も偏ります。神経には、適切な刺激を受けたシナプスは強化され、適切な刺激を受けなかったシナプスは弱くなる性質があります。そのため機能が低下した部位に継続的に刺激を与えれば、全身の機能が正常化していきます。足裏全体を使い、5本の足指をまんべんなく使うことで、股関節も偏りなく動かすことができるようになり、全身の協調性や調和が生まれます。結果としてまだ発揮されてこなかった、眠っている身体の可能性が目を覚ますことにつながります。

料金受取人払郵便

本郷局承認

5887

差出有効期間
2025年
1月31日まで
（切手不要）

郵便はがき

113-8790

（受取人）

東京都文京区本郷5-2-2

株式会社 **日貿出版社** 愛読者係行

|ılıılııılıılıılıılıııılıılıılıılıılıılıılıılıılıılıılıılıı|

<本を直接お届けします> 小社出版物のご注文にご利用下さい。

送料はお買い上げ総額税込5,500円未満の場合は550円（税込）、5,500円以上の場合は小社負担です。代金は本と一緒にお届けする郵便振替用紙にてお支払いください。

【ご注文欄】書名	注文冊数	総額

▲裏面のアンケートへのご回答のみの方は、上のご注文欄は空白のままお送りください。

ご住所 〒

フリガナ

お名前 印

電話

FAX

E-mail

日貿出版社メールマガジンを 希望する ・ しない

性別 男 ・ 女

年齢 歳

ご購読ありがとうございました。本のご感想をお寄せください。　**愛読者カード**

お買い上げいただいた本の名前	

●本書を何でお知りになりましたか？

1. 書店で実物を見て　2. 小社 DM で
3. インターネットで
（A. 小社ホームページ　B.Amazon　C. 著者ブログ等　D. その他）
4. 広告を見て（新聞／　　　雑誌／　　　）
5. 友人・知人の紹介で　6. その他（　　　）

●本書をどちらでお買い求めになりましたか？

1. 書店（店名　　　）
2. 小社通信販売
3. ネット書店（　　　）

●本書をご購入いただいた動機をお聞かせ下さい。 ※複数回答可

表紙のデザイン／本の題名／本のテーマ／価格／帯の内容／著者／その他（　　）

●本書について、該当するものに○をお願いします。

価　格………………　高い　／　普通　／　安い
判型（本のサイズ）…　大きい　／　ちょうど良い　／　小さい
デザイン・表紙 ……　良い　／　普通　／　良くない
内　容………………　満足　／　普通　／　不満

●いままでこのハガキを出した事がありますか？　ある　／　ない

●案内を希望　新刊案内等　／　総合図書目録

●本書についての感想やご要望、出版して欲しいテーマなどをお教え下さい。

—— **ご協力ありがとうございました。** ——

○ご記入いただきました個人情報は、書籍の発送や確認等の連絡及び小社の新刊案内を送付するために利用し、その目的以外での利用は致しません。アンケートのご回答は今後の企画の参考にさせていただきます。　○アンケートにご協力の上、表面にご住所等をご記入いただいた方に、粗品を進呈致します。※発送までお時間をいただく場合がございますので、ご了承下さい。

膝裏とハムストリングス

太ももの内側にあるハムストリングスの機能向上は、身体操作の精度とパワーの両方を発揮するうえで、とても重要です。そのことは多くのアスリートたちに知られるようになりましたが、なかなかうまく使えない人が多いのが現実です。その原因は足裏が使えていないことと、もう一つ、膝裏が使えていないことが挙げられます。股関節が詰まるように痛くなってしまう人にも膝裏が使えていない傾向があります。ハムストリングスを鍛えるマシンでハムストリングスだけを鍛えても、膝裏にも効かせながらでなければ、陸上での運動では正常に働きません。つまり膝裏を使えていなければ、地面を蹴ってもハムストリングスが動員されないのです。足裏の意識が発達しており神経が通っていて全身が柔らかい人は、自然に膝裏を使えています。うまく身体を使えているトップアスリートは無意識でそうなっているために、特別な感覚として磨いているつもりはないのかも知れません。

膝裏は実感しにくい繊細な組織で構成されているため、どうしても前腿ばかり使ってしまいがちです。よって膝裏を使う感覚が分からない人や、膝が伸びない

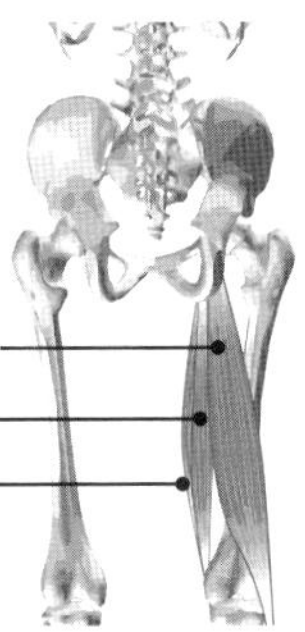

ハムストリングは使われていない？

ハムストリングは大腿二頭筋・半腱様筋・半膜様筋などから成る腿の内側の筋肉で、膝を曲げる・歩く・走るなどの基本的な運動の際に働きます。
このハムストリングを鍛えるトレーニング法は多く紹介されていますが、意外に膝裏に効かせる方法は知られておらず、そのためハムストリングがしっかり使えていない人が多いのです。

人は、足指と同様に膝裏を意識してトレーニングする必要があるでしょう。繊細で微かな感覚は、大きな筋肉や表層にある筋肉の感覚にすぐに乗っ取られてしまうので、ゆっくりと、徐々に、時間をかけて取り組むことが大切です。

膝裏を意識するにはまず手のひらを膝裏に当てて、膝裏で手の温かさを感じることです。続いてその手を膝裏で押す動作を行います。膝裏を固めるのではなく、溶かすイメージが良いです。「使う=硬くなる」という認識しかない人は改めましょう。筋肉はつっぱらせるのではなく、骨の位置・向き・構造の形を修正する感覚で動かすのがコツです。

「使う=動く=伸びる」という認識も身体の解として存在するのです。

筋肉には縮むという性質があり、能動的には縮ませることしかできません。ここで生じているのは、感じるという行為によって硬くなっていた筋肉がゆるみ、収縮により短くなっていた筋肉が元の長さに戻り、伸びるという変化です。

足指で〝パー〟をつくる

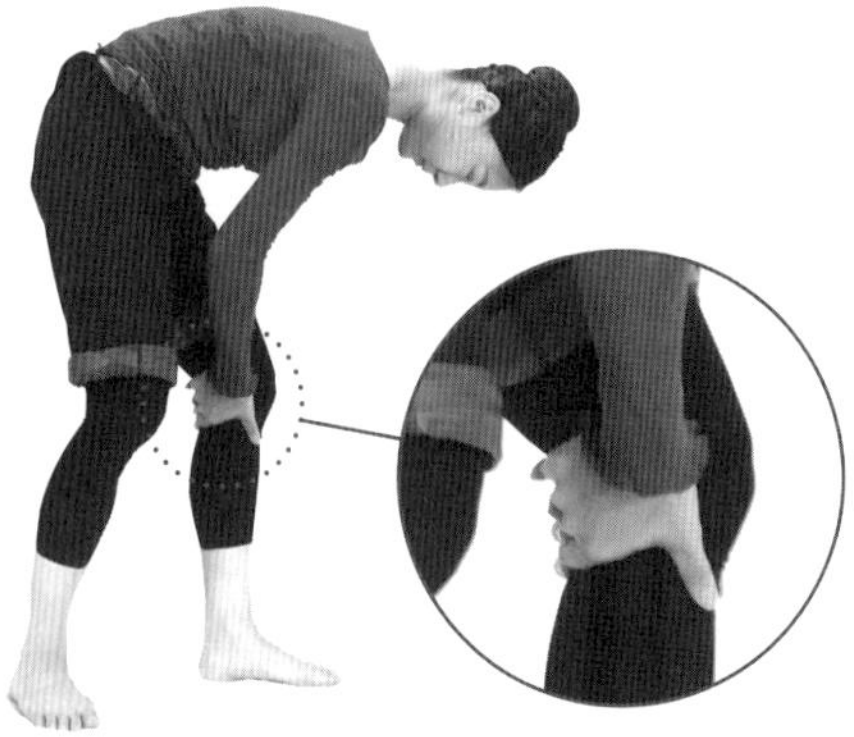

膝裏を意識する

膝裏の意識が弱い人におすすめなのは手のひらで触ることです。強く押すのではなく、優しく触れ膝裏が手の温かさを感じます。

「パーッと足指を開く動作がまったくできない」そんな人のために、足指でパーをつくるイメージを説明します。まず足裏はアーチ状にしてください。

パーにする感覚がない足は、踵の感覚がない人、前足部重心になっている人に多く見られる傾向です。そういう人は前腿が張りやすく、股関節に乗れないという特徴もあります。

足指は足裏に走る腱のつながりから、親指と残り4本とに分かれています。足指をパーに開く時、親指から4本の指が離れるように開くと思いますが、その4本指につながる腱は踵の近くを通っています。そのため踵を押されると、4本指が開きやすくなります。大人はかなり強く押さないと開かないことが多いのですが、子どもなら、踵に手をかざすだけでも身体が反応して指が開きます。指が開かない人は踵を意識してみると良いでしょう。

一人で行う時には、立った状態でつま先を天井に向けて踵の真ん中を地面に押し当てながら足指をパーにするとパーにする感覚がつかめます。始めてまもなくで足がまだ硬い場合は、ほんのちょっとしかパーになる感覚がないと思いますが、継続するにつれて動くようになっていきます。

踵を押して“パー”をつくる

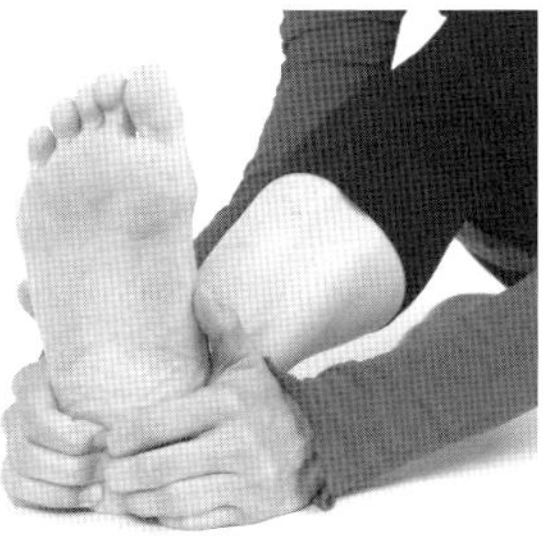

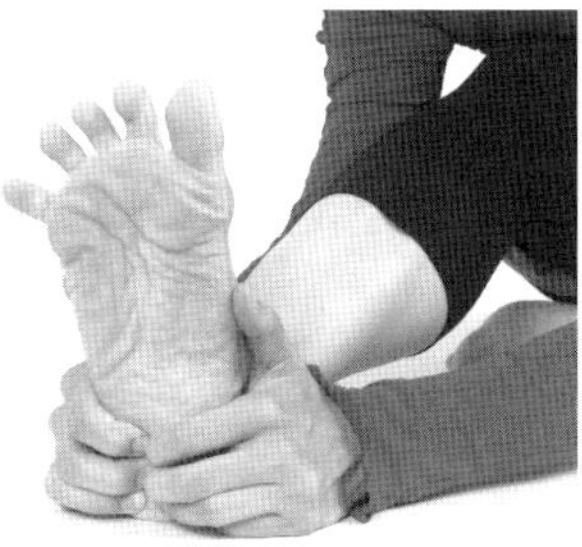

足指が動かない人は、踵の真ん中を押すと良いでしょう。続けるうちに指が動き出します。

生活習慣の影響 〝シューズ〟と〝インソール〟

現代人は日常の長い時間を靴を履いて過ごします。靴底の柔らかい機能的な靴や、ハイヒールなどの窮屈な靴を好んで履く人は、足裏の感覚が鈍っている可能性があります。最近のスポーツシューズはめざましく進化し、足裏のアーチをサポートしたり、衝撃を吸収したりする機能がどんどん発達しています。しかしこれらの機能は、本来は足そのものに備えられているものなのです。シューズの役割はサポート。しかし私たちの身体は環境に適応するという性質があります。私たちが本来持っている機能をシューズが肩代わりしてくれることで徐々にその機能をシューズに譲り渡し、失ってしまうのです。成長期なら足裏が身体を支える機能を持たないまま身体だけが大きくなってしまいます。その結果、身体に負荷がかかった時、支えられなくなってしまうのです。

現在流行っているインソールも同様です。足裏や足首が痛んだり、骨が変形してしまっていたりする場合にはインソールを使用することは仕方がないかも知れません。しかしもしアーチのサポートを目的としてインソールを装着する場合は注意してください。
前述したように母趾球、小趾球、踵の三点に均等に体重が乗ることで足にアーチが形成されて、足部におけるクッション機能が発揮されます。足の骨はアーチ構造によって上からの負荷を分散するようにできています。しかしインソールなどで形としてだけのアーチ構造をつくってしまうと負荷の分散がうまく機能せず、同じ場所に繰り返し負荷がかかることになります。それでは自ら疲労骨折を招いているようなものです。もちろんインソールは絶対に使わないほうが良いというわけではありません。生まれ持った構造と機能を発揮させずにいるのでは、怪我予防や動作改善、パフォーマンスアップなどが期待できないということです。道具ありきの足にするのではなく、あくまで機能を補うものという認識を持ってください。

日本は靴を履く文化が輸入されてからの歴史がそれほど長くありません。それも靴の履き方や足元がおろそかになってしまう傾向に関係があるように思います。日本古来の裸足や下駄履きの文化が急速に失われてしまったこと、世界的にも稀な自動化が進んだ社会で身体を使わなくて済む環境が整ってしまったことも、日本人本来の繊細な身体文化・身体感覚の喪失に関係しているでしょう。そうした環境で身体を感じる機会が失われたまま成長すれば、その身体性は精神性にも反映されていきます。自分がやりたいことが分からず、心の病になっ

いわゆる「高機能シューズ」のなかには本来人間に備わっている機能を肩代わりするものも多く、結果的に自分の足を弱くして、怪我の原因になることがあります。

てしまうこともあるかも知れません。そのような相関関係を感じさせる経験が私にもあります。現に、精神面における不調がある人にとって身体活動は回復に効果があるという研究結果も出ています。だからこそ足裏を感じること、身体を感じることの重要性を強く感じます。

トレーニング目的のインソールや、医療機関による治療用のインソールは研究開発が進んでいます。本人の感覚に頼るだけではなく、データをもとにした細かな分析に基づいたオーダーメイドのインソールは利用価値があります。しかし3ヶ月ほどで身体は適応し変化するため、それらを利用する際には長くとも3ヶ月ごとに検査やメンテナンスをしながら使うことをおすすめします。

食事との関係

私はこれまで多くの人たちの足指に触れて身体を分析してきました。男性と女性それぞれのナンバーワンを挙げるとしたら男性は競泳の元日本代表で、女性は一般人ですが10キロのランニングを日課とする運動愛好家の方です。

両者に共通するのは運動だけではなく、食事にもとても気を使っていることでした。男性は揚げ物（質の低い油を使った料理）を数十年食べてないそうです。女性はフードコーディネーターで、ヴィーガン（菜食主義者）でした。そのお二人と出会ってから身体の状態が良い方に食事について聞くと、やはり添加物や化学調味料を避けた食事をされている方が９割という印象でした（残り１割はもともと胃腸が強いタイプ）。

また足指に関連して、爪の専門家にお話を伺ったところ、巻き爪や霜焼けといった爪や足先の問題も、腸内環境と関連が深いとのことでした。どんなに爪の治療をしても、腸内環境を意識した食生活などの改善を行わなければ、根本解決につながっていかないそうです。

摂っている栄養の種類に違いはあっても、消化吸収能力が高く腸内環境が良いことが、身体の状態に大きく関わっているのは間違いないように思います。現代社会で足指が使えない人が増えているのは、運動不足だけではなく、そのような腸内環境を悪化させる食べ物や習慣など、様々な要因があるように感じています。日本では多くの食品添加物が使用されていますが、それらは腸内環境や神経系への悪影響が多いといわれています。身体機能のために口に入れるものは天然のものや無加工のものを選ぶようにしたり、様々な食事を楽しみたいという方は解毒作用や抗酸化作用のあるものを食べるようにすることも大切です。

私たちの身体は食べたものでできています。そう考えればできるだけ日々の食事を大事にしたいものです。

トップアスリートのコツが使えない理由

意識の仕方やイメージひとつで動きの変わる人がいます。しかし身体を意識しないと理想とする身体を使えないのであれば、試合の相手や観客とのコミュニケーションをとるようなパフォーマンスに脳活動を集中させられず、瞬間的な判断の遅れなどが生じます。身体の意識というものは、練習の時に身体に定着させておくことが重要です。

トップアスリートの試合中の思考はとてもシンプルです。しかし試合前の準備期間、トレーニングにはとても多くの時間をあてています。すべてのトレーニングが息が切れるような激しいものというわけではなく、身体に対して繊細な意識づけも行っているのです。それらは日常生活と一体化してしまって、トレーニングをしている認識ではないアスリートもいるでしょう。トップに居続ける人、一流の人はそうやって身体が整った状態を定着させるようにしているのです。身体が整っていれば全身にまんべんなく刺激が入り、偏ることがありません。そうなると日常生活がトレーニングとなり、効率的な動作は自然体で起こり、回復力もアップするのです。

トップアスリートたちは、日々のトレーニングを通じて全身を隈なく開発し、無意識下でも高い能力を発揮できるようにしています。そのため一般の人が高い身体能力を持つ人やトップアスリートのコツをそのまま鵜呑みにしても意味がありません。**コツを用いる〝身体の前提〟がまったく異なる**からです。感覚は一度意識して生じさせたあと、定着して無意識に至るという順序で身につきます。自転車も最初は苦労して練習したのが、慣れると無意識に乗れるようになるでしょう。ただアスリートと一般人ではその積み重ねが違うのです。

トップアスリートや一流に近づくために誰にでもできる行為は、弱いところを意識して、感じるようにすることです。その助けとなるのが解剖学の知識や物理学の観点、自分の身体への理解力や全体と部分を見る視点です。そうやって全身を意識し、経験を積むことで、動きの理解や身体に対する認識が深まり研ぎ澄まされていくのです。

人間の感覚は、①経験し意識化する、②繰り返す、③慣れて無意識化する、というプロセスを経て身体に定着します。逆に言えば「意識化」ができない限り定着することはありません。ですから慣れで動くのではなく、身体の隅々まで意識する必要があるのです。

骨盤が立たない子どもたちが取り組むべきこと

子どもを相手にする指導者たちから、「骨盤が立たない子が多い」と聞きます。私は、それもやはり足裏の感覚がないからだと思っています。

骨盤が立たない子は、肩が上がり、背中が丸くなり、あるいは反ったりなどしていますが、それは足が地面に「触れて」いるだけで、地面を「押して」いないからです。

そういう子には、一度十分に足に時間をかけて整えさせる体験をすると良いでしょう。整った身体を体験すると、子どもは必要だと思ったことは継続してくれます。

足指と手指をつなぐ、5本指をまんべんなく握る、足首を回す、足指の間を伸ばす、足の甲を伸ばすなどの一連の魔女トレを一度徹底して行い、その効果を感じてもらうのです。

足裏の骨に立つ感覚が、筋肉に覆われている全身の骨や関節位置を知覚するはじまりです。足を整え、地面を足裏全体でとらえる感覚が起こると、股関節が安定し、体幹部や下腹部やお尻まわりに必要な力が自然に入り、安定します。安定すると姿勢がきれいになり不必要な肩の力が抜け、結果的に意識して骨盤を立たせようとせずとも勝手に骨盤が立つという感覚が分かるようになっていきます。

普段靴を履いて運動している子どもたちを裸足にしたり、足指足裏を柔らかくしたあとに動いてみてもらうと、彼らは身体の感覚がまったく違うことを実感し、いつもと同じ運動を裸足ですると、「身体が軽い」「動きやすい」「足が高く上がる」「跳べる気がする」といった反応があります。子どもは大人よりも身体の反応に素直ですし、余分な知識に邪魔されることなく、身体そのものが楽な方向や動きやすい方法を探し出すことができます。

とある中学生の女の子が魔女トレ体験後に発した言葉は「歩くだけで楽しい！理科みたい」でした。彼女が知っている言葉で、生きた物理の法則・解剖学が身体の中を駆け抜けている感覚を表現するとそうなるのでしょうね。

その心地よさを子どもたちに味わわせてあげることは、現代の大人の大切な役割なのではないかと思うのです。

足裏から始まる身体内部の感覚は、身体を動かす根源的欲求や悦びを発揮させ、健全な発育発達へとつながっていきます。運動前や寝起きには、足指5本にまんべんなく感覚があることを感じることと、足首回しを丁寧に前後15回ずつ、毎日行うことを習慣づけてあげてください。

可能であれば小さい頃にできるだけ裸足で野山を駆け回る経験をさせてあげるのが理想です。

才能の在処《ありか》

足裏の感覚がある人は、あらゆるシーンや瞬間に足裏を通して全身の刺激を得ることができるため、日常生活がトレーニングになっていています。その差が足裏の感覚がない人との差となり、才能と呼ばれる違いとなっていきます。年齢の小さいうちから習慣化させておくと当たり前に日々足を整えられるようになります。野球のイチロー選手も、子どもの頃から毎晩お父さんが足をマッサージしていた話は有名です。

知っている人は知っている、ではなく、足裏や足を守ること、そして機能を発達させることがその人の可能性を最大限に引き出し、才能を開花させることになることが常識になると良いなと思います。これは大人からでも遅くはありません。すぐにでも始めてください。

何らかの運動がうまくできない時に正解を教えてくれるのは、知識よりもまず**「足と地面の触感、身体の中身」**です。身体ありきで物事を考える・捉える感覚を持つ人を増やしていきたいです。

魔女トレのタイミング

私が魔女トレを実践するのにおすすめするタイミングは、起床時と運動前です。寝ると身体はリセットされます。一日の始まりである朝、その日はじめて立った瞬間から身体が整っていれば、その状態を一日保たせることができます。そうやって整った状態を身体にインプットさせるのです。運動前もおすすめです。あらかじめ足指を開き足首を整えておけば、効率の良い動作が生まれやすくなります。

魔女トレのエクササイズはたくさんありますが、どうしても時間がない方は次の二つを毎日行うようにしてください。これは私自身が毎朝の日課にしているものでもあります。

・足首回し
・丹田のワーク

詳しい方法は次の第3章で紹介されています。

あとは日々の生活の中で、母趾球・小趾球・踵の足裏の三点に均等に体重が乗っているか、注意してみることも有効です。そうしてことあるごとに足裏へ意識を向け、刺激を受け取ることが良いトレーニングになります。その積み重ねが身体の感覚を高め、丹田を肥やし、全身の連動性を高めるのです。

第3章

魔女の足のつくり方

ここからはいよいよ実践です。
実際の魔女トレセミナーを
再現できるように構成されています。
眠っている身体と動きの
「素《もと》」を呼び覚ましてください。

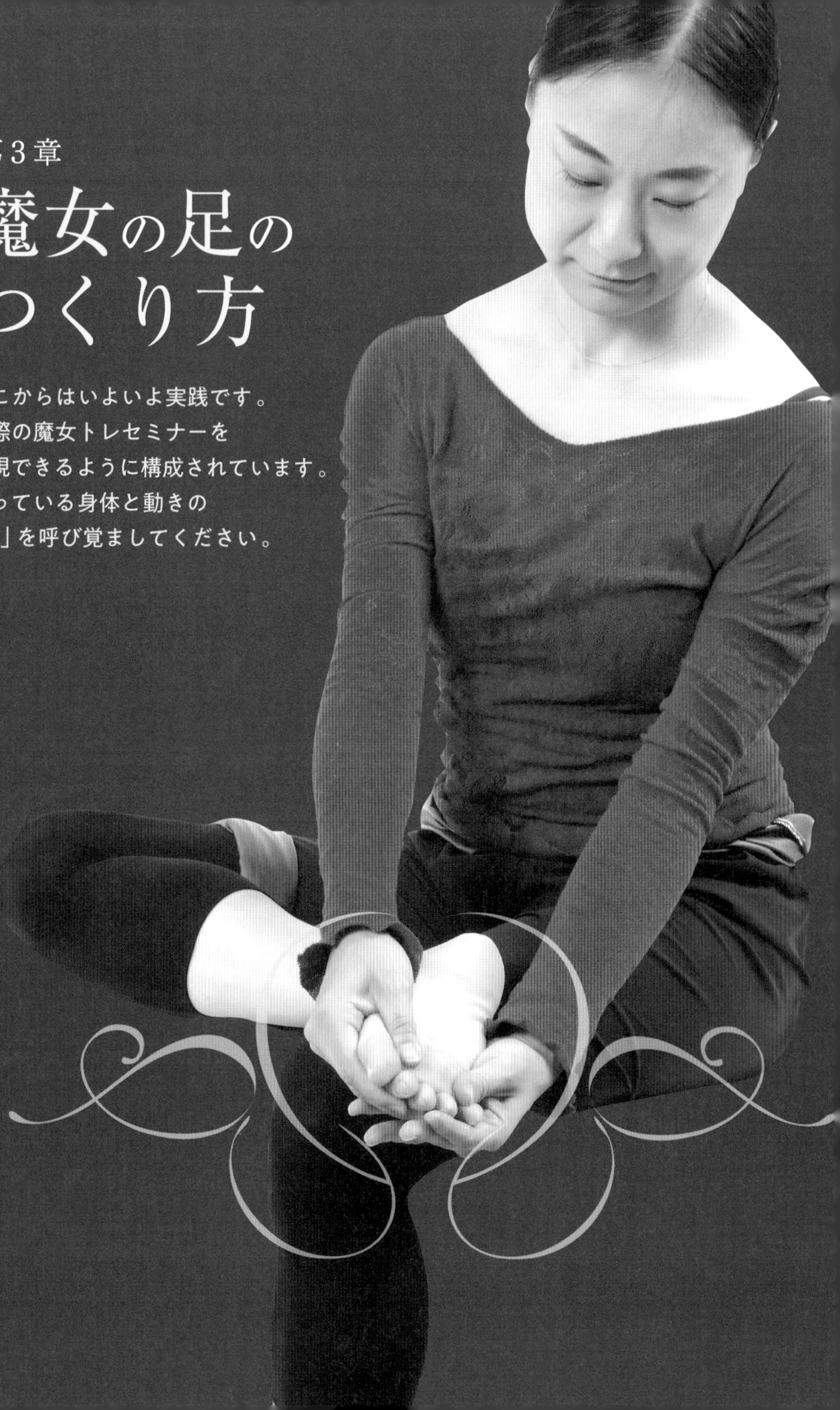

1.準備

立位で足裏・身体を感じる

まずは立って静かに目を閉じ、足裏の感覚を確かめてみましょう。
身体の重心は足裏のどのあたりにありますか？

足裏の感覚を確かめる

足裏の感覚を静かに観察します。
コントロールしようとせず、
ただ「感じる」ことが大事です。

両足の真ん中？ 少し左足に寄ってるかな？ 少し踵側の……内くるぶしあたりにあるかも？ それとも土踏まずのあたり？ 5本あるはずの足指のうち、小指だけ床に触れてあとの4本は浮いていたりしませんか？

などなど、足裏が床についている形、面積、大きさを感じてみてください。

次にふくらはぎです。ふくらはぎの張りはどうなっていますか？

膝、お尻、腰、胸、肩、耳の位置は？

こうして下から上へ、足裏を起点に身体を感じましょう。

これをボディマッピングといいます。普段は当たり前のように行っている「立つ」という行為で自分がなにを感じ、それによってなにを発見するか。正しい、間違っているといった分析はせず、ただ感じます。こうした観察は近年では「メタ認知」と呼ばれ、瞑想にも近いように思います。

私も毎朝、足の状態、足裏の感覚、地面をどう感じるのかをチェックします。浮腫《むく》み具合や感度が、体調や健康のバロメーターです。ダンサーやトップアスリートは日常的に全身の感覚を確かめたり、違和感をチェックしたりしています。よく「身体の声に耳を傾ける」という言葉で表現しますが、小さな行為のひとつひとつを大切に積み重ねているのです。

足裏はセンサーです。そのセンサーが重心位置を決め、安定感をもたらす全身のコントロールとパフォーマンスの良し悪しを左右します。だからこそ1日の始まりやリハーサル、練習の始めには足裏と床との対話を大切にします。

足踏みでいまの感覚を確認する

その場で足踏みをします。足踏みをしながら、

- 股関節の硬さや脚の重みを感じてみてください。
- 足裏の感じを覚えておいてください。
- 視野の範囲や景色を覚えておいてください。

この時、私はセミナー参加者の皆さんの身体の在り方を観察し、それぞれの個性と、全体の傾向を把握します。その内容に沿ってセミナーの流れを組み立てます。

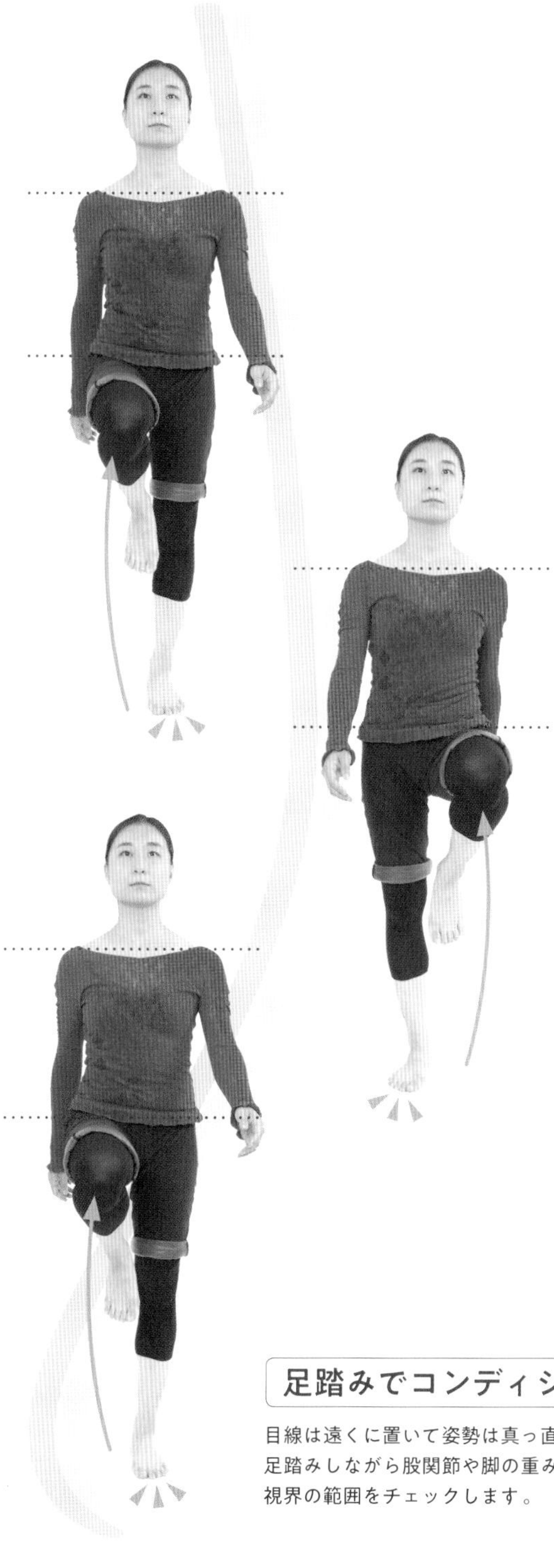

足踏みでコンディションをチェック

目線は遠くに置いて姿勢は真っ直ぐ。
足踏みしながら股関節や脚の重み、足裏の感じ、
視界の範囲をチェックします。

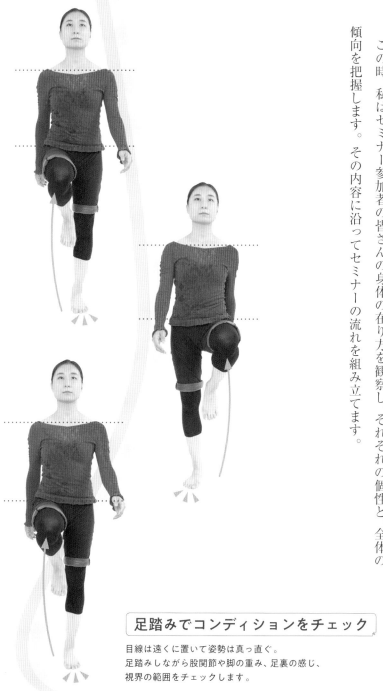

魔女チェック

私がチェックするポイントは多岐に及びます。

股関節の重みの感じ方はどうか？　股関節の使い方はどうか？　手の振り、頭の動き、目の動き、重心の動揺、足首の揺れ、膝の軌道、足の高さと位置などはどうか？

その人が無意識的に行う足踏みの動作から、股関節と体幹の関係性を見出します。

脚を上げるたびに骨盤（上《じょう》前《ぜん》腸《ちょう》骨《こつ》棘《きょく》）の左右の高さが上下する人や、胴体が横に曲がる人は股関節を使えていません。逆に骨盤が安定している人は股関節がよく動いており、腸腰筋をはじめとする体幹の筋肉が使えています。

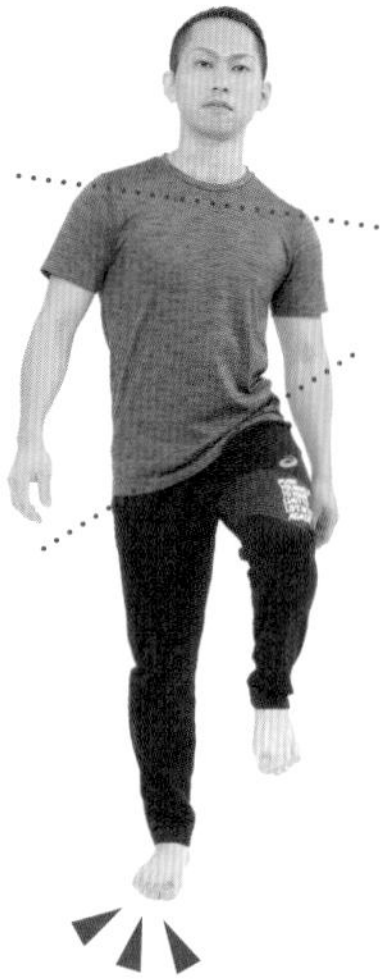

魔女の視点

足踏みで上半身と股関節、体幹の関係が分かります。講座ではこうしたチェックや実際に足裏を触り、その人に合った内容にしています。

全体的に上下左右に揺れている人は、股関節を使っていても体幹が弱い傾向にあります。怪我をしやすかったり、身体が硬かったりする人は、鼠蹊部を固めながら動かしています。

私の場合は鼠蹊部の硬さを解消するという対症療法的な方法よりも、鼠蹊部を固めてしまう理由に気づかせ、解消するほうを重視します。鼠蹊部が固まってしまう理由には、根本的な原因や二次的要因、それらを補おうとする代償動作やその結果などがあるため、人それぞれです。主な理由としては、次のようなものが挙げられます。

- 足指が縮こまっているから。
- 前足部重心になっているから。
- 踵で地面を押せないから。
- お尻（外旋筋）が弱いから。
- 背筋が弱いから。
- 腹筋が硬いから。
- 目が悪いから。

これらを改善させるのが魔女トレです。

さあ、魔女トレの足指足裏エクササイズに取り組んでみましょう。

ビフォーアフターのチェック動作

魔女トレセミナーでは、参加者の皆さんに身体の変化を体験してもらえるように、エクササイズの合間にチェック動作を行います。身体の動きと感覚がみるみる変わっていくので、驚きの声もよく聞かれます。

チェック① 体幹トレーニング×スクワット

①～②②'両手をバンザイして片足を腰の高さまで上げます。③片足でバランスをとりながら、上げた脚を後方に伸ばして上体を前に倒し、頭から足まで一直線の形にします。

④その形を維持したままで屈伸動作を5回行います。②'の形に戻ってから両足を戻します。

チェック② 片足で行う股関節の内外旋

1.

2.

①両手をバンザイして片足を腰の高さまで上げます。
②片足でバランスをとりながら、上体を前に倒します。
③後ろの膝は曲げたまま、つま先が天井に向くように上げておきます。その角度のままで、膝を内側（軸足側）に回します（内旋動作）。
④今度は膝が天井に向くように外に開きます（外旋動作）。
③～④④'を5回交互に繰り返します。両手や背中は丸めず、真っ直ぐに保ちながら行います。

3.

正面 4.'

4.

※このチェック動作は難易度が高めです。怪我をしないよう配慮しながら行ってください。

2. 足指で握る

あぐらから片足を伸ばし、もう一方の足を曲げます。背筋は坐骨の上にすっと伸ばします（101頁写真参照）。

そして5本の手の指を足の指の間に入れます。足指の間に手の指がするっと入るのが理想です。指が太い人は、はじめは手の指の第2関節まで入ればOKです。毎日取り組むうちに徐々に広がってきます（①〜⑤）。

はじめは足首を直角にします。（⑥）

これは立っている時と同じ角度にするためです。

そして〝足〟で〝手〟を握ります（⑦⑧）。

手で足を握るのではないので注意してください。

5本ともまんべんなく力が入っていますか？

3.

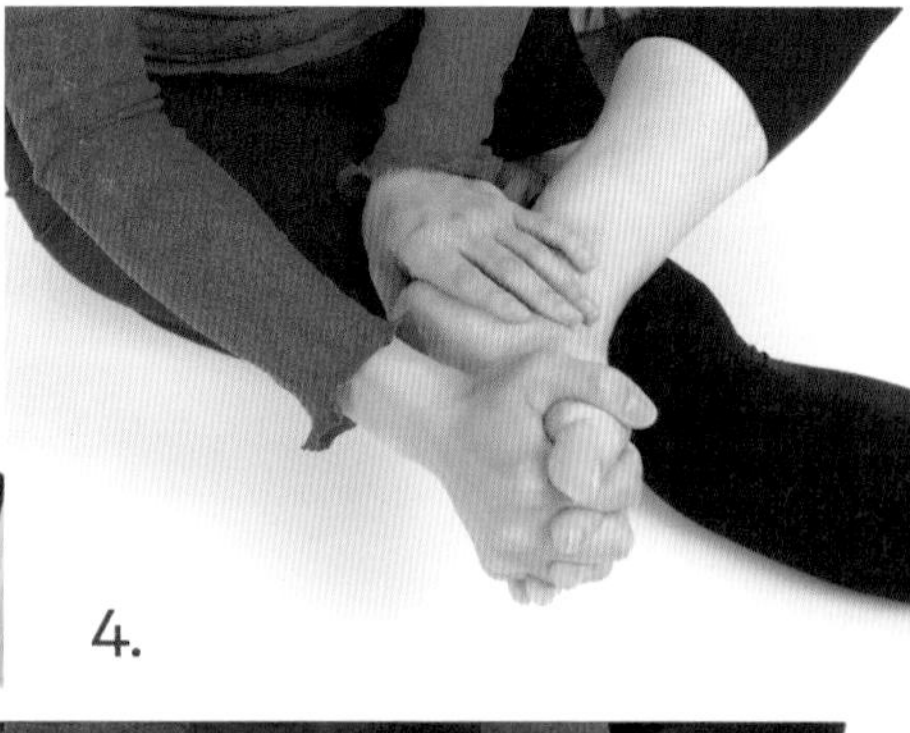

4.

7.

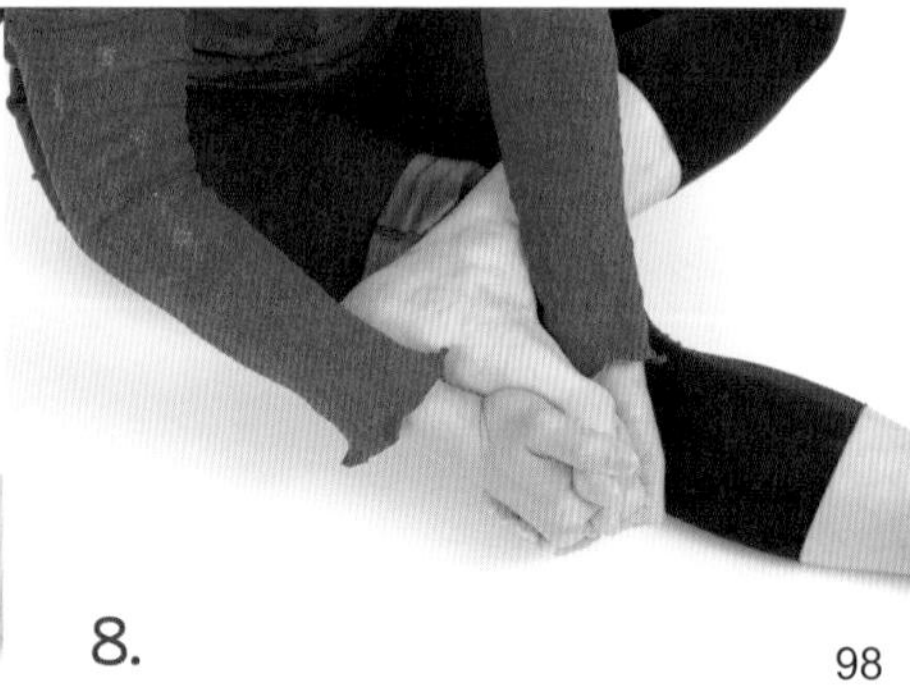

8.

親指だけ、小指だけにはならないように。
あくまでも「足」が主体です。手は握る側ではなく握られる側です。
「手」は、足の使われ方や癖を分析する感覚器官にすることが大切です。
足は手を「はさんでいる」のか「握っている」のか「とらえている」のか？
手からの情報を頼りに分析しましょう。
足指で手を握り10秒、ゆっくり数えます。
10秒したら握っていた足指の力を抜きます。
続いて足指と手はつないだまま、今度は手に働いてもらいます。

手で足を握ってみましょう。
手は足をどう感じますか？
逆に足は手をどう感じますか？

足指で「握る」

1.

2.

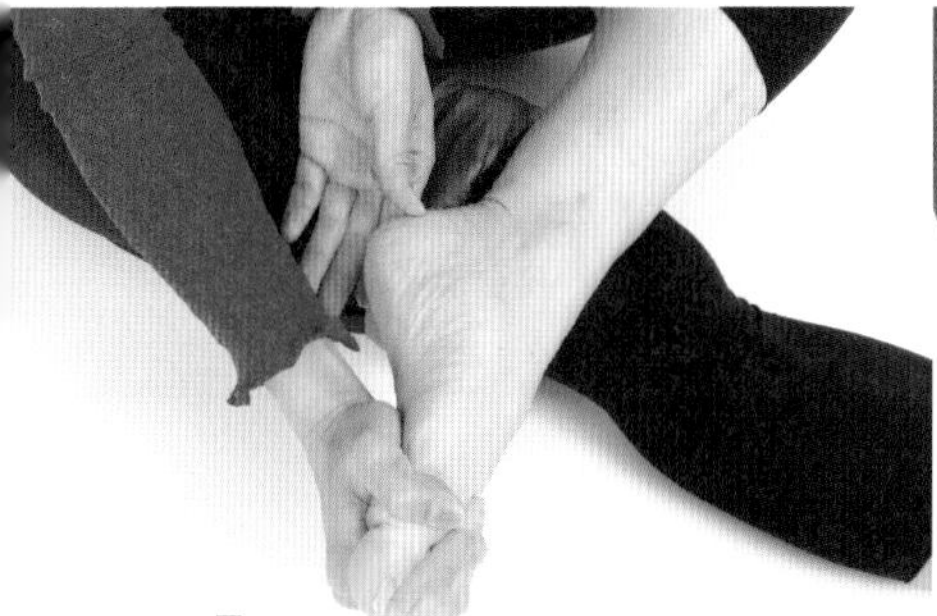
5.

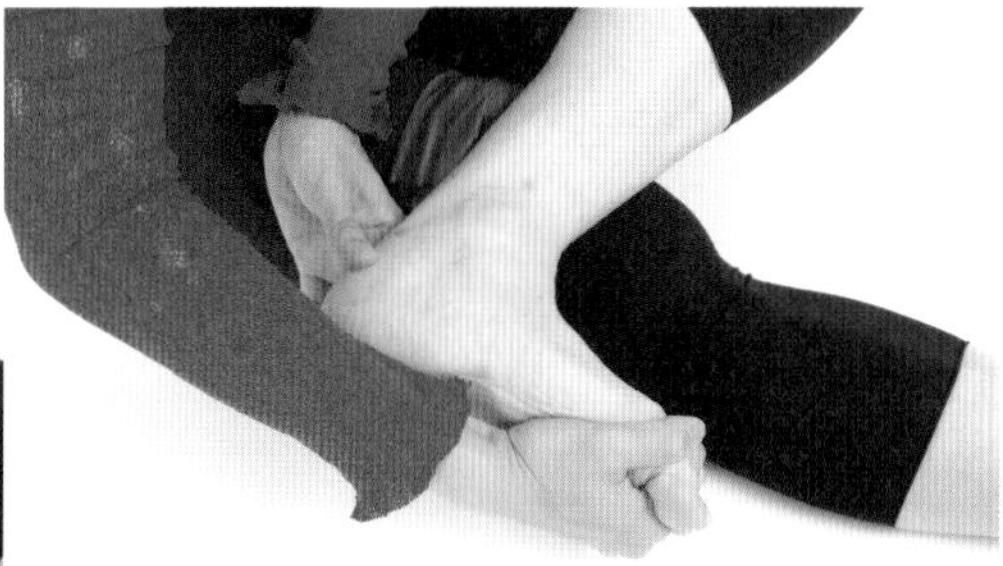
6.

表面の温かさ・冷たさ、硬さ・柔らかさ、密度の濃さ・薄さ、皮膚や筋肉や骨の感じはどうでしょうか。「感じる」の主語は手なのか足なのかを明確にしてください。そうやって自分を感じる視点を増やすのはとても大切です。

・手で足を握る…手を運動器・足を感覚器とする。
・足で手を握る…足を運動器・手を感覚器とする。

重視したいのは、どの指にも均等に力が入ることです。

その人のポテンシャルを発揮するのが「ニュートラル」な状態。それは足指も同様です。親指が大きいから強い、小指は小さいから弱いといった思い込みは捨ててください。指の大きさに関わらず5本の指の力や感覚が均等であることを目指します。

もちろんはじめから均等にはなりませんので、均等になるように角度を調整します。5本の指に均等に力が入れば、股関節が反応し、**丹田に力が入ります**。

キューッと締まったり、暖かくなったり、なにかが整い、まとまる感じがしたりするでしょう。足指の機能を高める目的は、体幹を使えるようにすることと、身体の感覚を鋭敏にすること。足指が使えなかったり、使いにくかったりするのは、神経が未発達なためか、足首が怪我などの理由で崩れているためです。
5本の指に感覚を通して丹田につないだら、続いて足首回しです。

「丹田」とのつながりを感じる

この姿勢が足指、足首のエクササイズの基本姿勢になります。

3．足首回し

5本の指を均等に握ったら、手と足をつないだまま足指と足首の力を抜いて、足首回しをします。回数は前回し15～30回、後ろ回し15～30回。まずは毎日最低15回ずつ、1ヶ月は続けてください。その後で身体の調子に合わせて増減させましょう※。

足首は全身のバランスを左右します。腰や股関節の痛む人がどれだけ痛む部位を治療しても、足首が原因であれば歩くことで再発します。股関節を鍛えたくても、前提となる土台が崩れたままでは、その先に進むことができません。だから最低限、足首回しだけは実践してください。

「踵」をしっかり回す

つま先と反対側にある踵も、大きく回します。小指側がしっかり背屈するように、足首の角度が直角になるまで押し込みます。

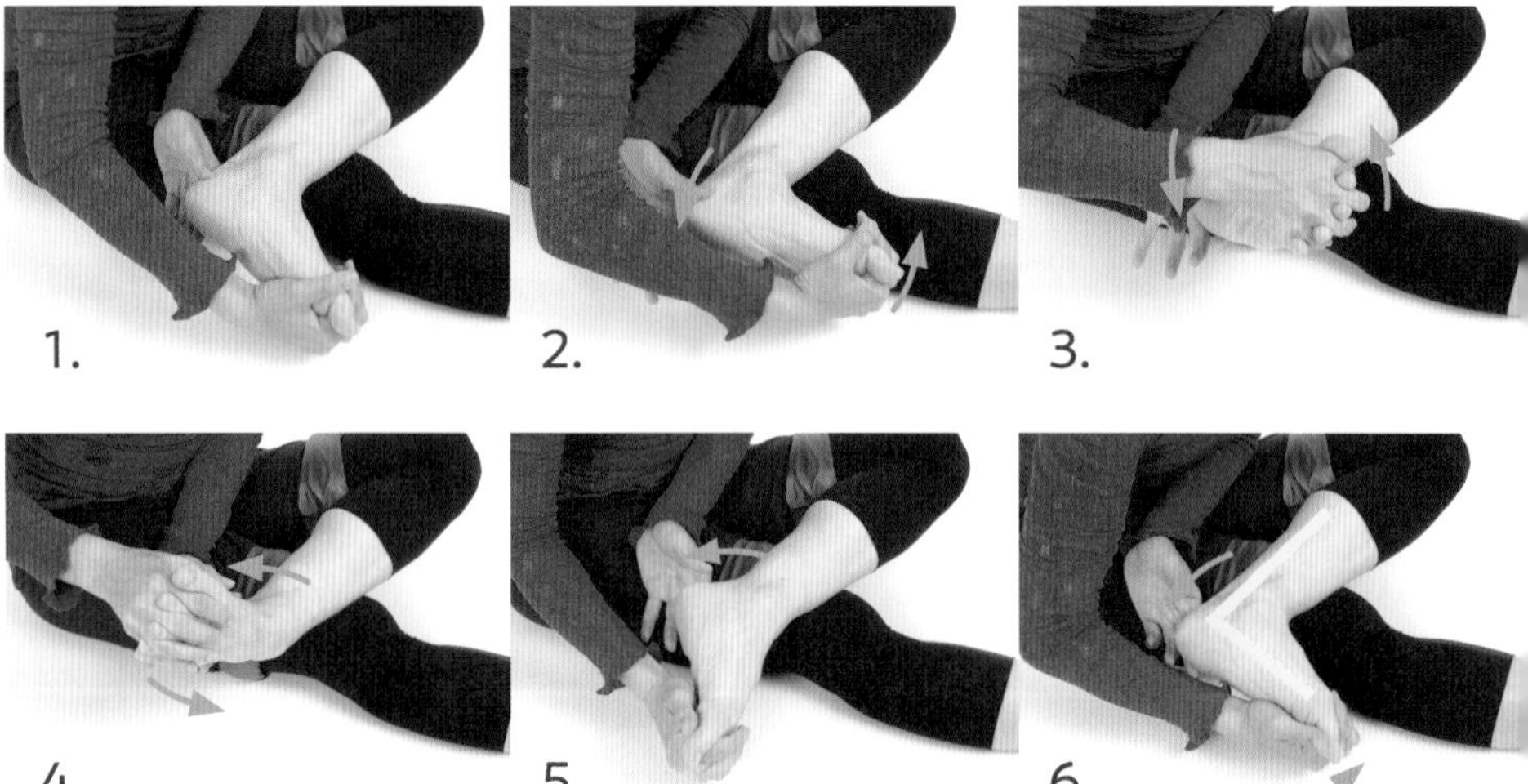

※大柄な方はその身体を支えるために足首が太く硬いことが多いです。足首が柔らかくなることで感覚は良くなりますが、その反面足首をコントロールする能力が必要になります。試してみて身体が支えづらいと感じた場合は少ない回数から様子を見つつ始めてください。

足首がゴリゴリいう時は、

・手の力を加減して、手のひらを柔らかく使う。
・背骨が真っ直ぐになるよう姿勢を正し坐骨で坐る。
・目線を上げて、遠くの一点を見続ける。

などを試してみてください。

なにも考えずに足首を回すと、多くの人は親指側を回してしまうので注意してください。これは、足首を壊した人は捻挫したような形で足首が歪み、親指側が上がっているためです。もちろん痛みを感じる時は休むのも大事です。

回し終わったらもう一度足首を直角にして足指で手を握ってみてください。強く握れるようになっていたり、さっきよりふわっと握れるようになっていたり、足裏がつらなくなったり、何らかの変化が起きているのではないでしょうか。臍下9センチのところにある丹田がヒュッと引き込むような反応もあるかも知れません。

回転の中心は「くるぶし」

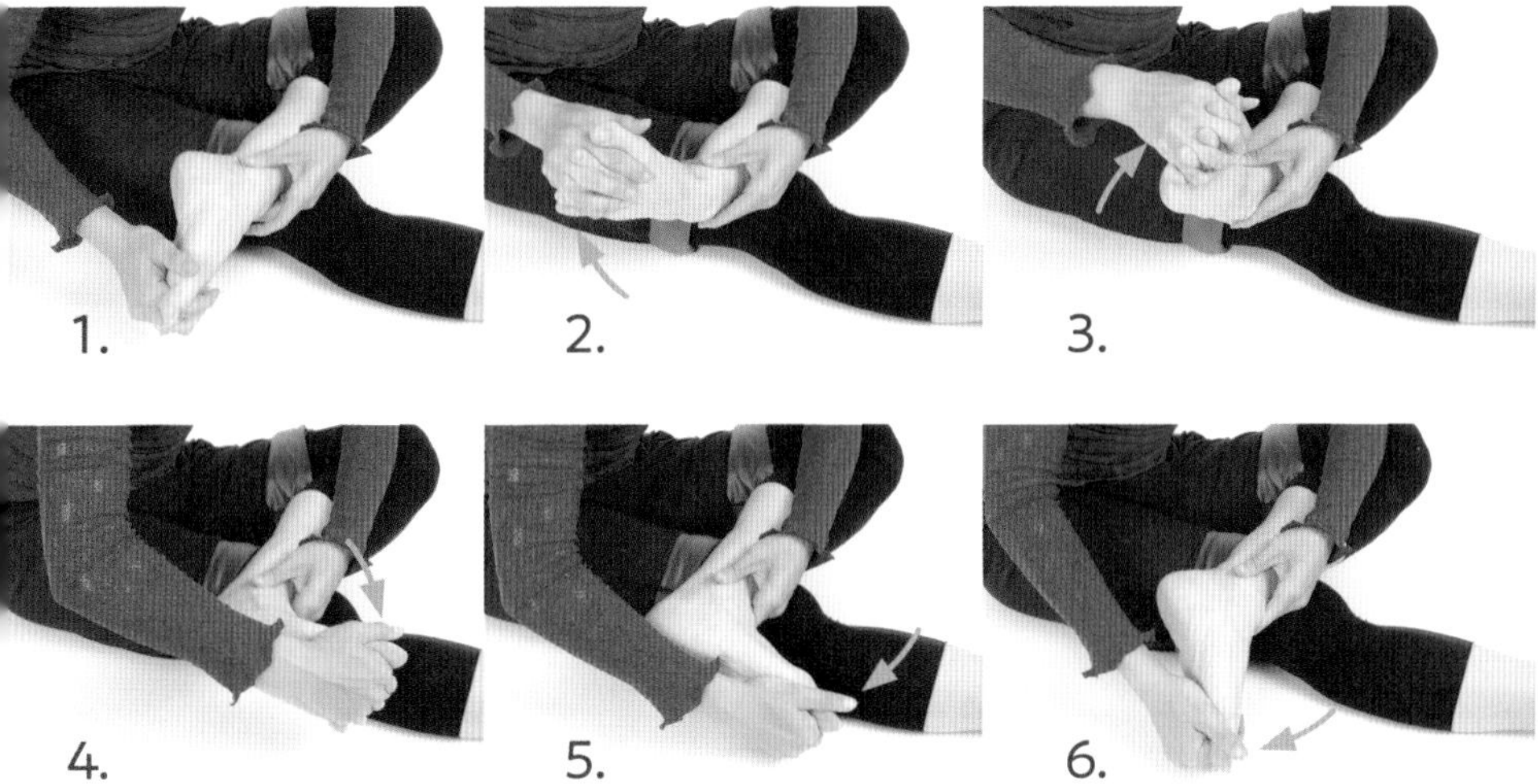

足首を回す時にはくるぶしを中心に回すことを意識しましょう。

4. 足指のストレッチ

足指を開く

足指を開く時は、なんとなく痛いくらいではなく、強めの痛みを感じる程度。ただ皮膚が裂けるほどやる必要はありません。多くの人は痛みを恐れて手加減をしてしまうのですが、まれに精神力の強いアスリートや、痛みに強い人がやりすぎて出血してしまうことがありますので注意してください。

目安は「痛気持ちいい」を少し「越えたところ」です。

水かきと足指を伸ばしたら（写真は１０６頁）、次に足指を動かします。

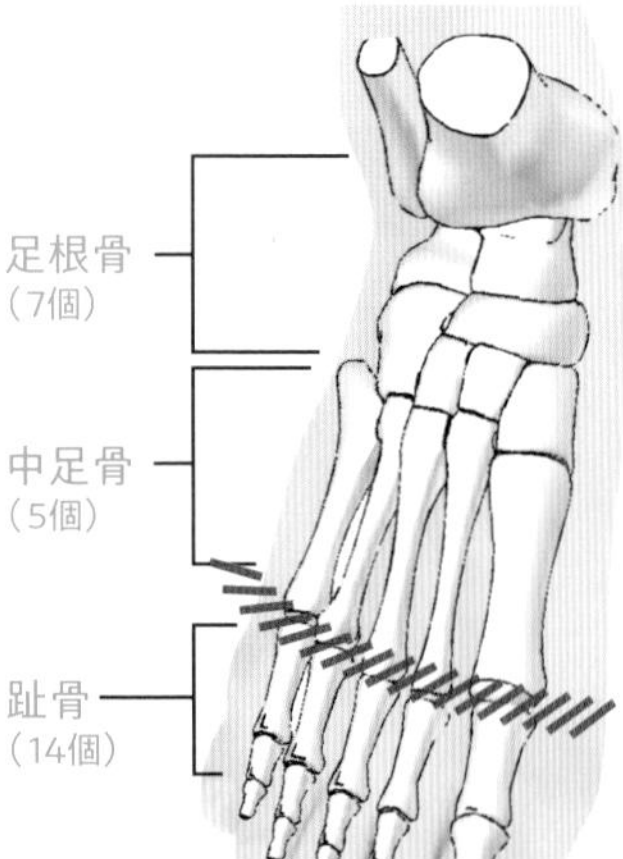

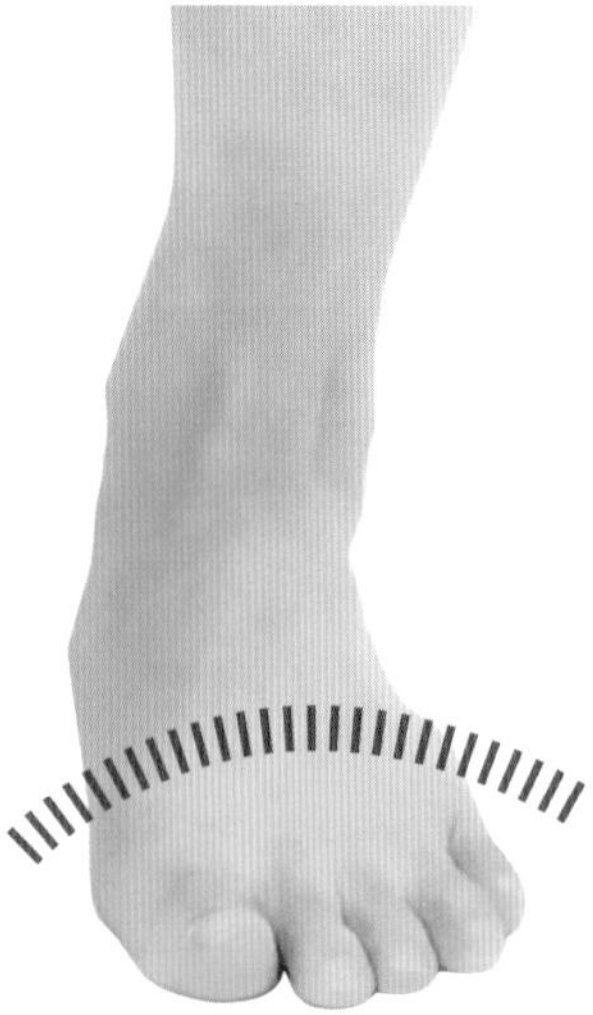

MP関節

中足骨と趾骨の間の関節をMP関節と呼びます。
足のアーチをつくる大事な部分で、上から足の甲を見て一番広いところとイメージすれば良いでしょう。皮膚の下で見えませんが足指を動かす時はこのラインまで動かすつもりで行います。

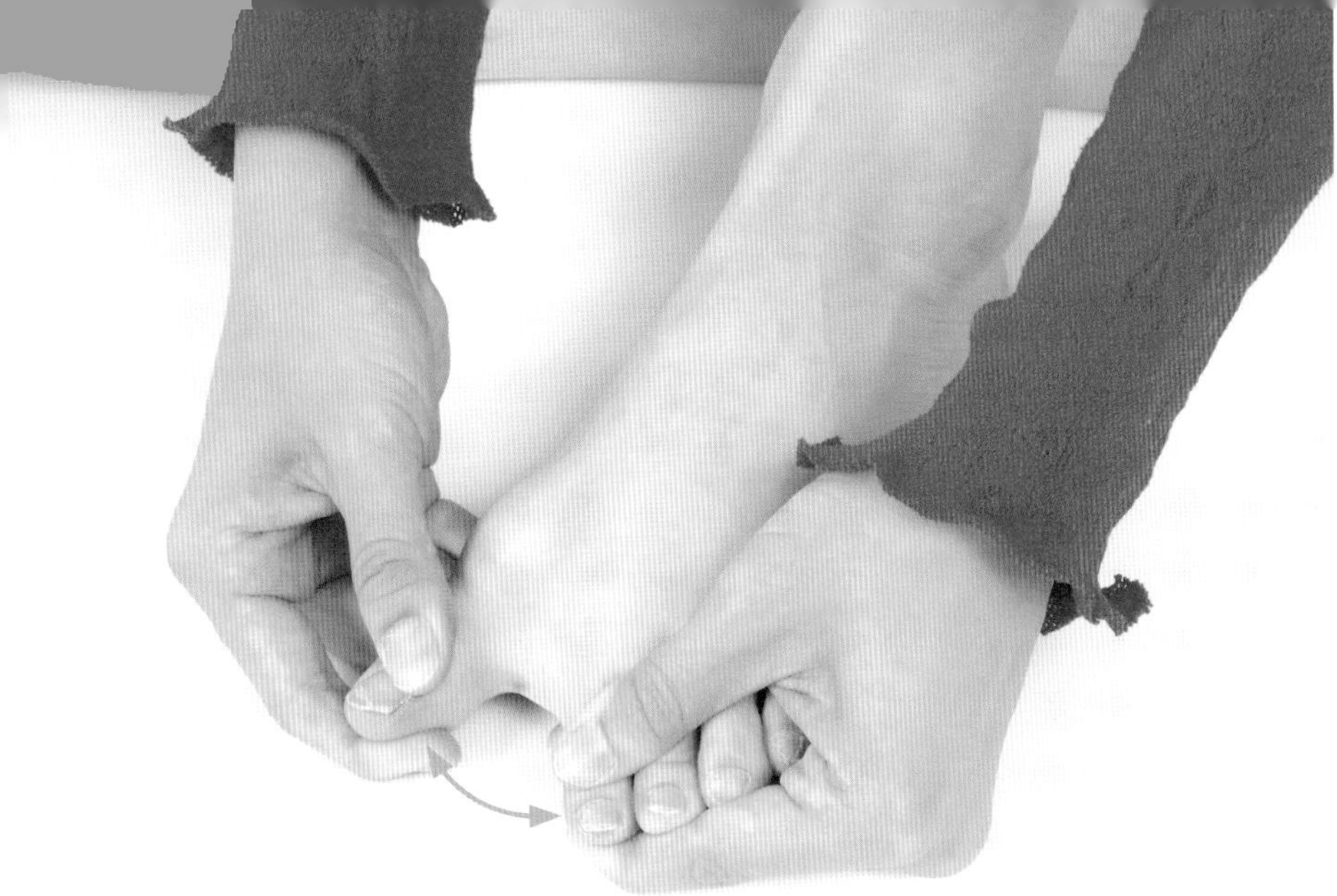

足指を「横に開く」

1.

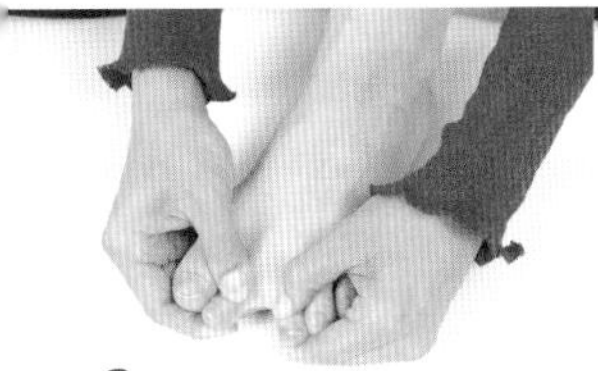

2.

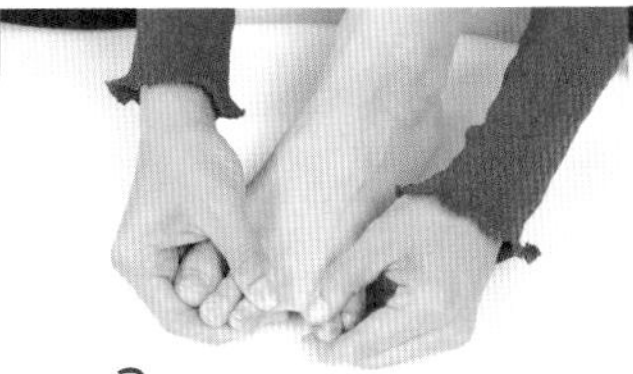

3.

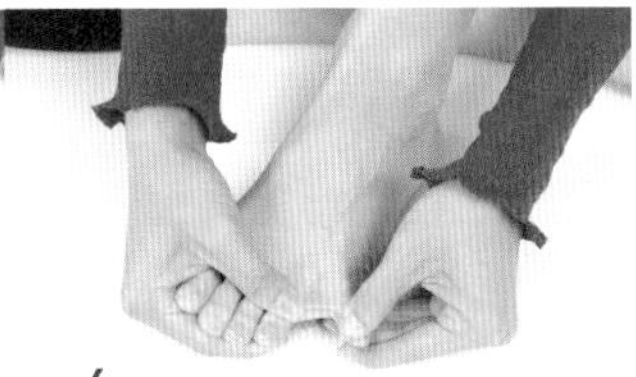

4.

①親指と人差し指の間を横に開きます。MP関節まで開く意識で痛くなるところまで。ゆっくり3 ～ 5秒。②～④これを順番に行います。

足指を「縦に開く」

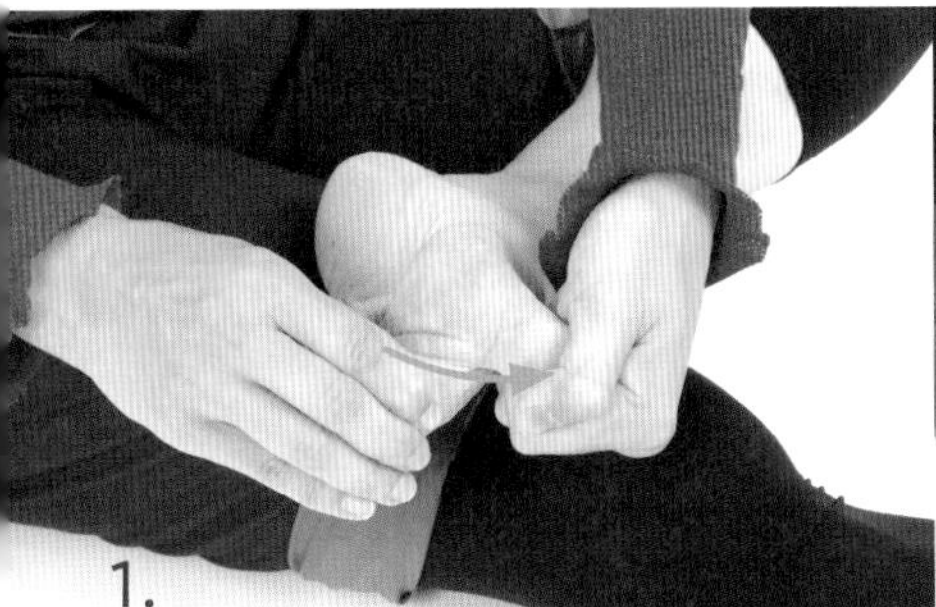

1.

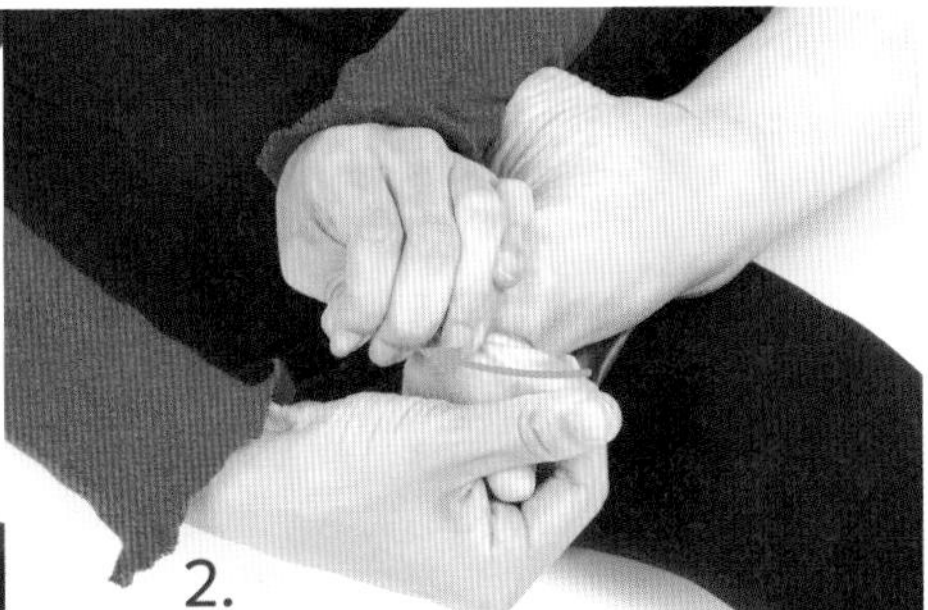

2.

①親指と人差し指の間を、親指上・人差し指下で縦に開きます。MP関節まで開く意識で痛くなるところまで。ゆっくり3 ～ 5秒。②終わったら今度は逆に親指下・人差し指上で開きます。これを順番に行います。

足指をMP関節から動かす

足指を回す時は指先だけではなく、MP関節から回します。

またMP関節を回す時は、指を反らした時に現れる頂点に親指を添えて行います。

この時は他のストレッチと違い、痛みを感じない程度で、優しく綿菓子をつまんで潰さないくらいの圧で行います。ごく微量な圧を繰り返し加えることで、足裏を柔らかく変化させます。

「水かき」「足指」をしっかり伸ばす

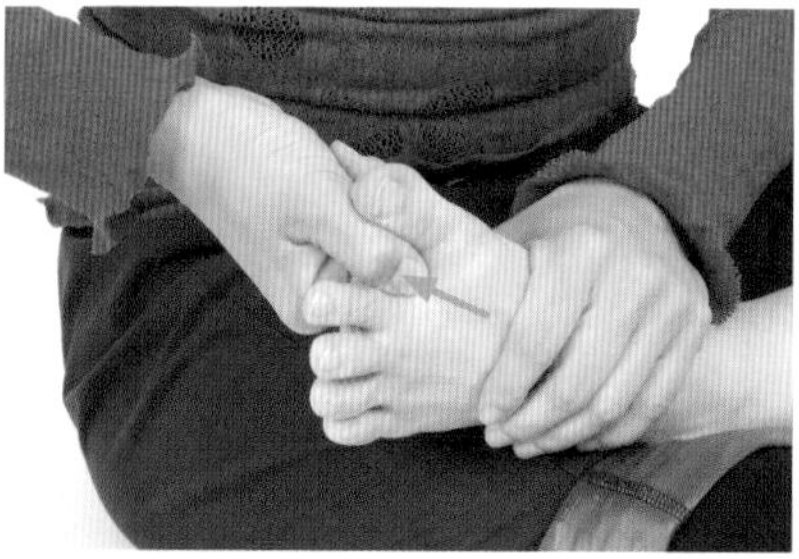

水かきをつまみ引っ張ります。痛みますが息を吐いてリラックスしながらやってください。爪を立てて傷つけないように。ゆっくり10秒。

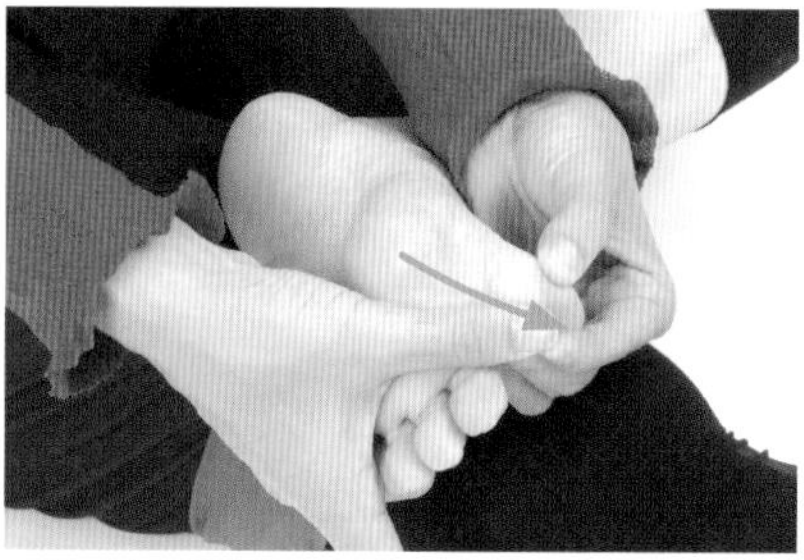

足指の第一関節・第二関節を裏側からアイロンがけをするように伸ばします。痛みを感じる程度で根元から指先に向かってそれぞれ10回。

足指を動かす

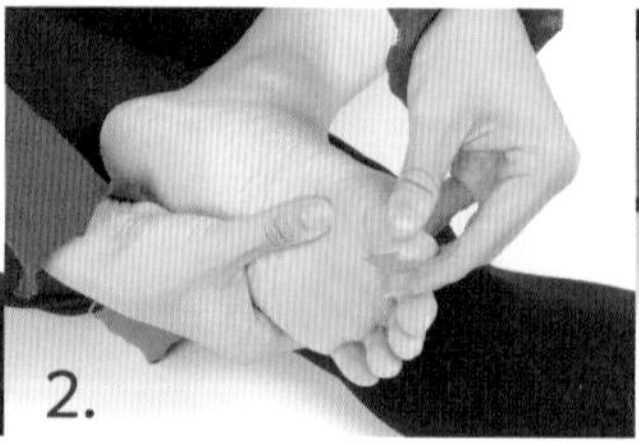

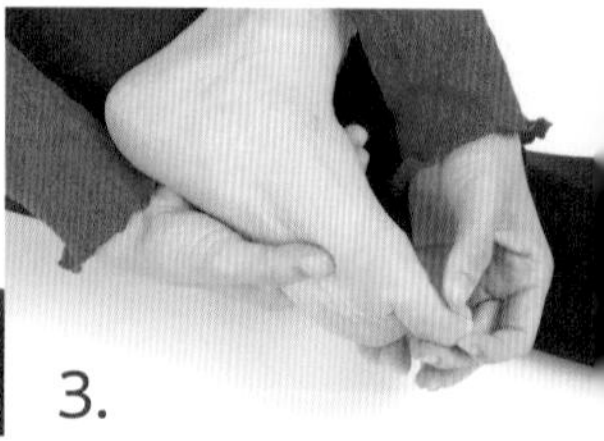

①指を反らして足の裏側に現れる頂点（種子骨）に親指を軽く添えます。指を動かす手の親指と人差し指で動かす足指の第一関節を軽くつまみます。②③足指を真っ直ぐにしたまま優しく動かすと足裏側の頂点が動き、母趾球の下で足指の骨と筋肉が動いていることが感じられます。少し引っ張る意識で動かすと良いでしょう。

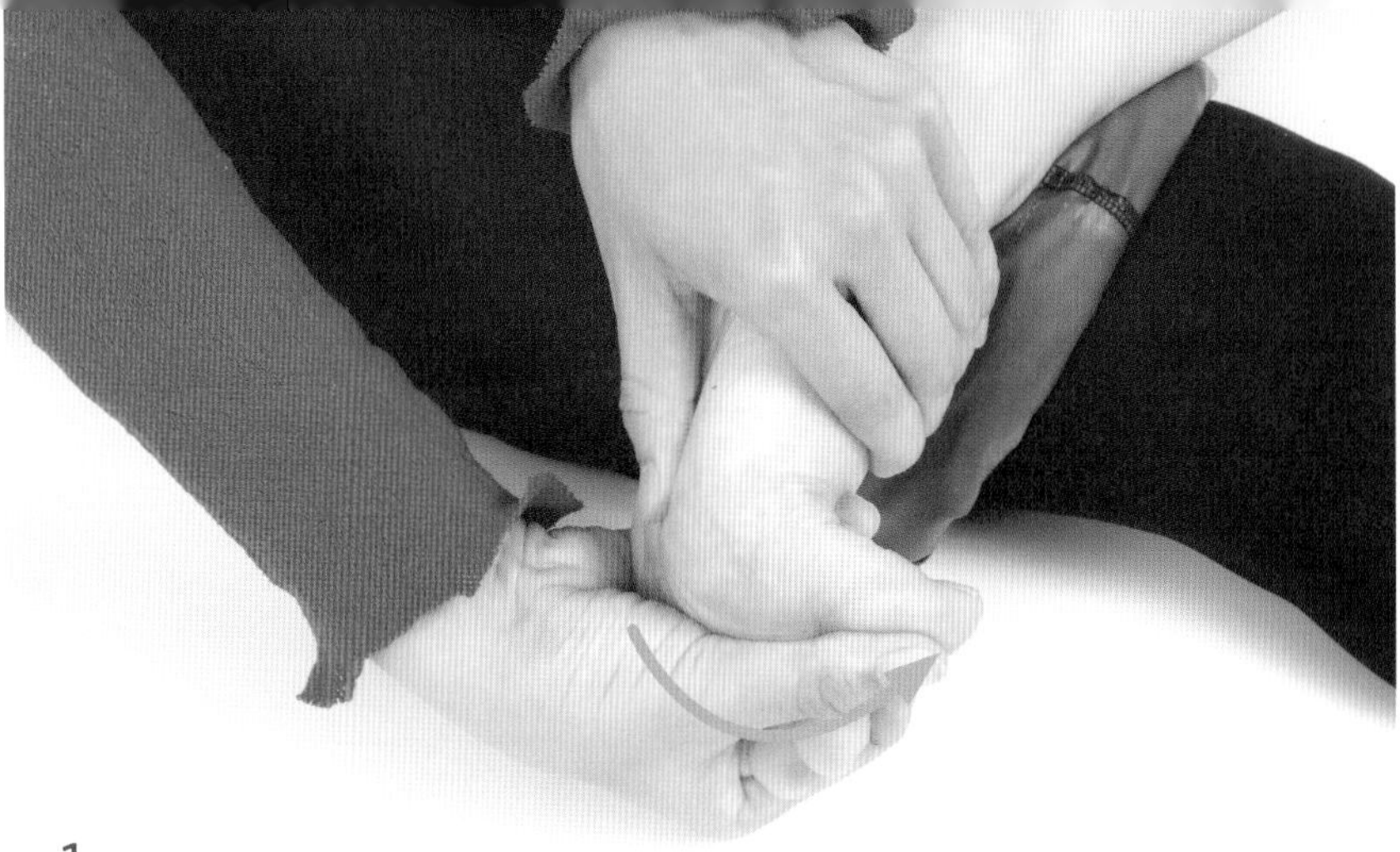

1.

2.

足指をMP関節から「縦に動かす」

①足指を反らして足裏に現れたた頂点に親指を添えます。②親指と人差し指で優しく足指をつまみ、縦方向に動かします。親指から小指までそれぞれ50回ずつ。小指は足の甲の健から指先までを真っ直ぐにして行いましょう。

足指とMP関節の説明

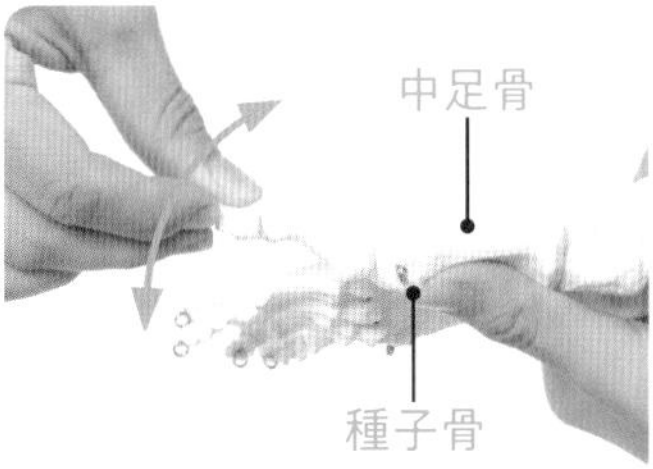

指をしっかり反らすと中足骨についている種子骨が指先で感じられます。これを起点に動かすイメージです。

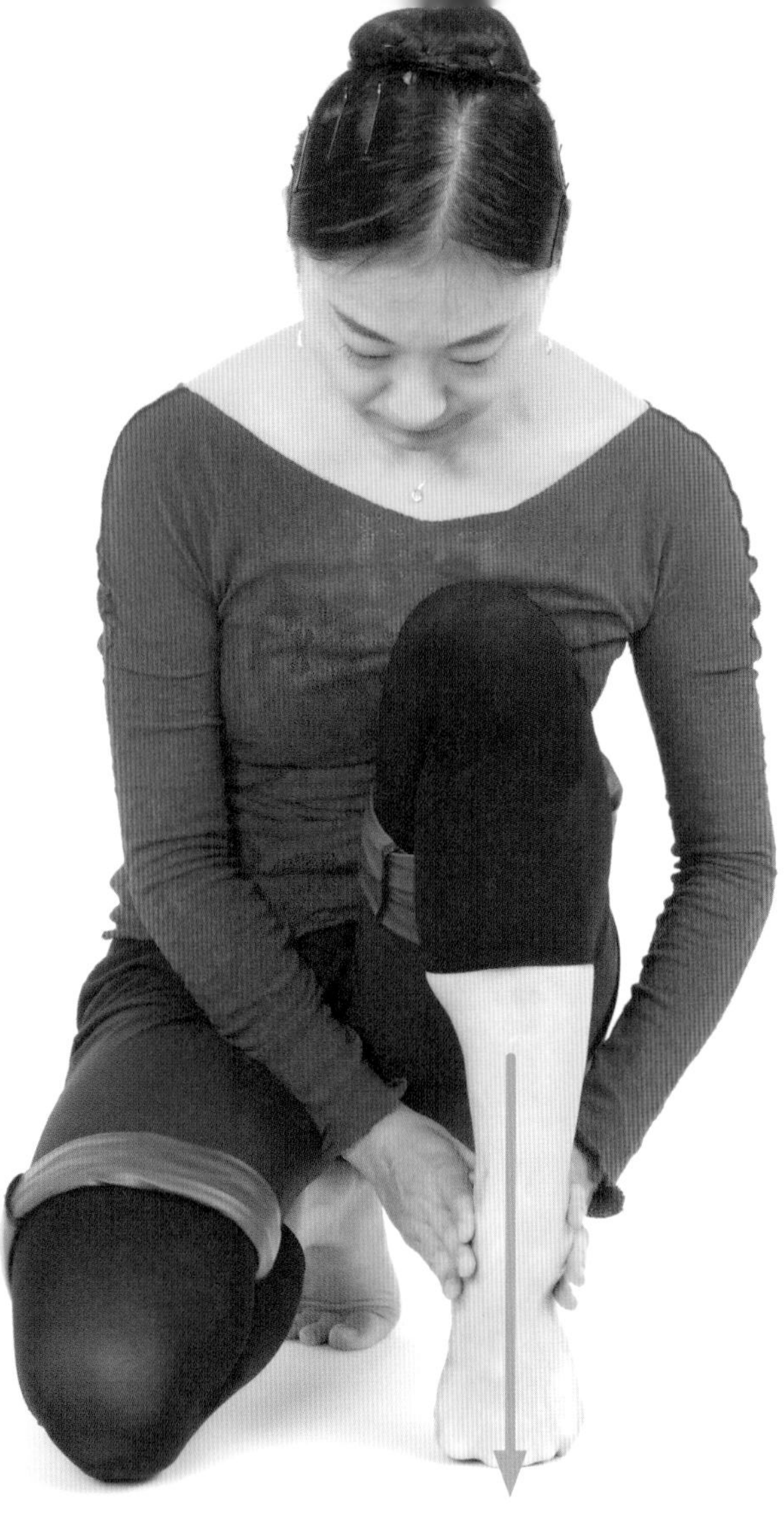

MP関節を曲げる

MP関節が床につくように足の甲を伸ばして床に押しつけます。手で補助して足首を真っ直ぐに、床に対して中指からスネが垂直になるようにして行います。その状態で親指側、小指側にゆっくり傾けます。３方向にそれぞれ10秒ずつ。

両手で両くるぶしを挟むようにして安定させて、挟んだまま両手を前に押し出すと足首が崩れるのを防ぐことができます。

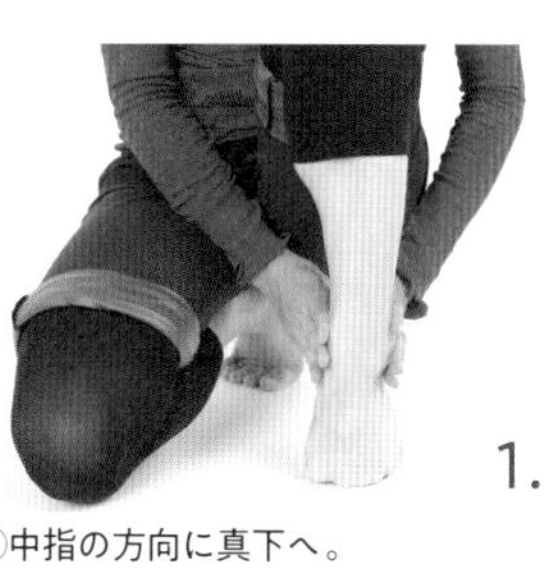

①中指の方向に真下へ。

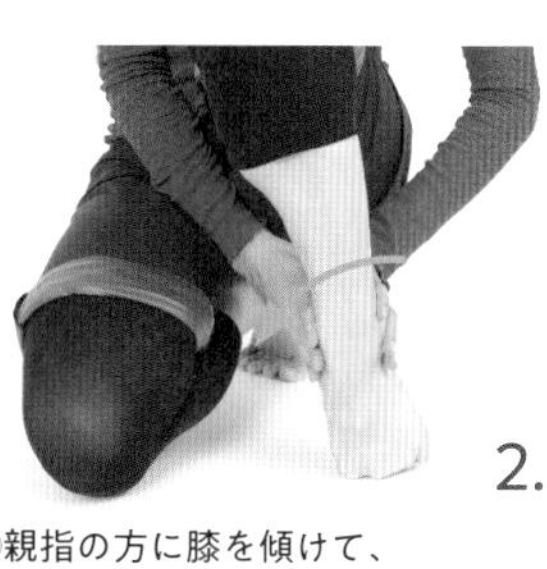

②親指の方に膝を傾けて、

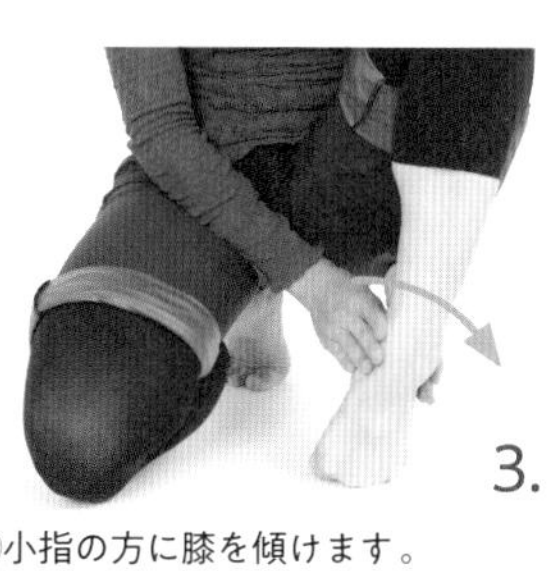

③小指の方に膝を傾けます。

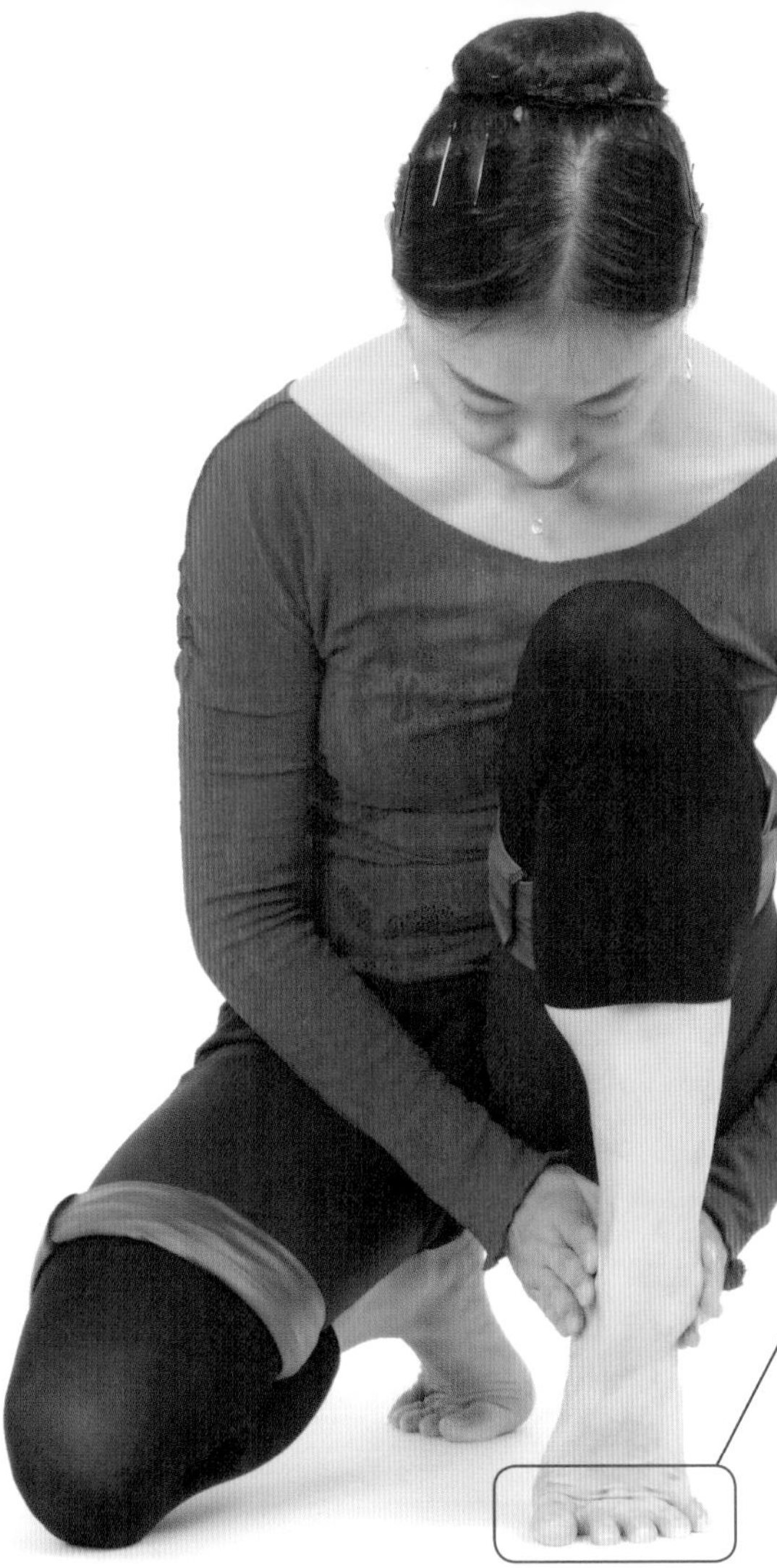

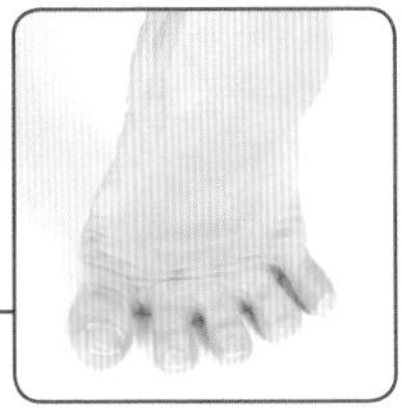

足指を伸ばす

足指を反らせて５本の指すべてが真っ直ぐ伸びていることを確かめます。曲がる指は手で直しながら行います。

1.

①中指の方向に真下へ。

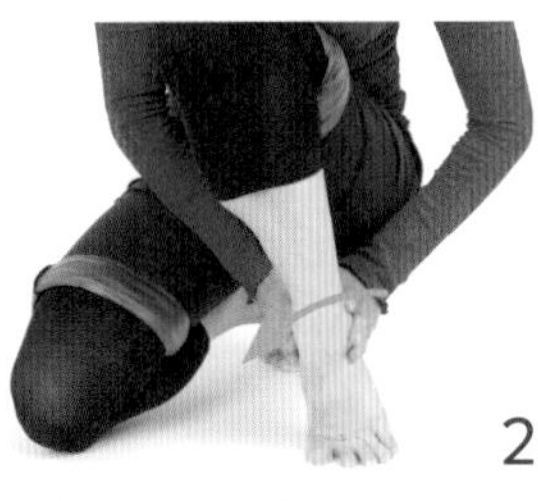

2.

②親指の方に膝を傾けて、

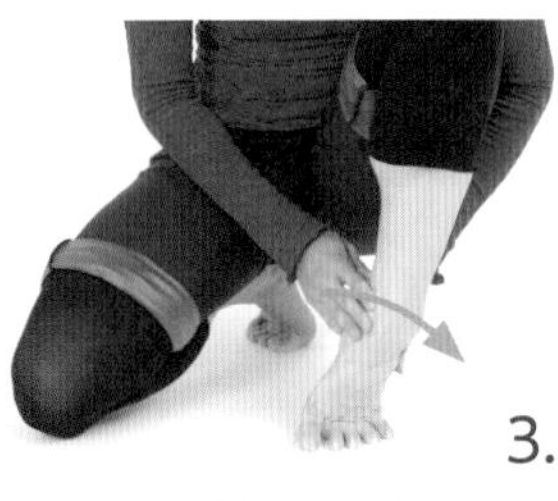

3.

③小指の方に膝を傾けます。

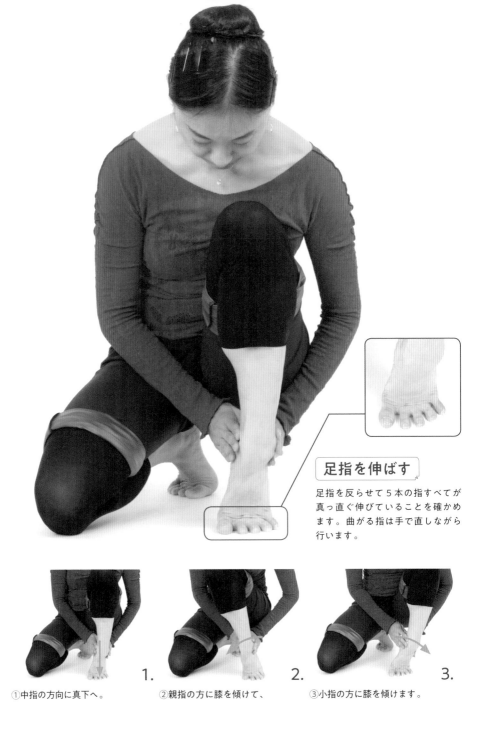

1.

2.

3.

母趾球で床を押す

①〜④母趾球に垂直に体重をかけて足首を回転させて床を押します。しっかり床を押せると股関節がゆるみ、足首、膝、股関節が真っ直ぐ整います。踵を上げるのに10秒、下ろすのにも10秒かけて行います。最低3セットから。

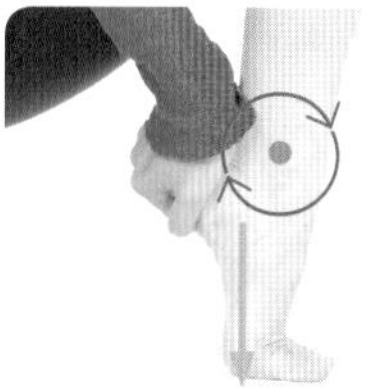

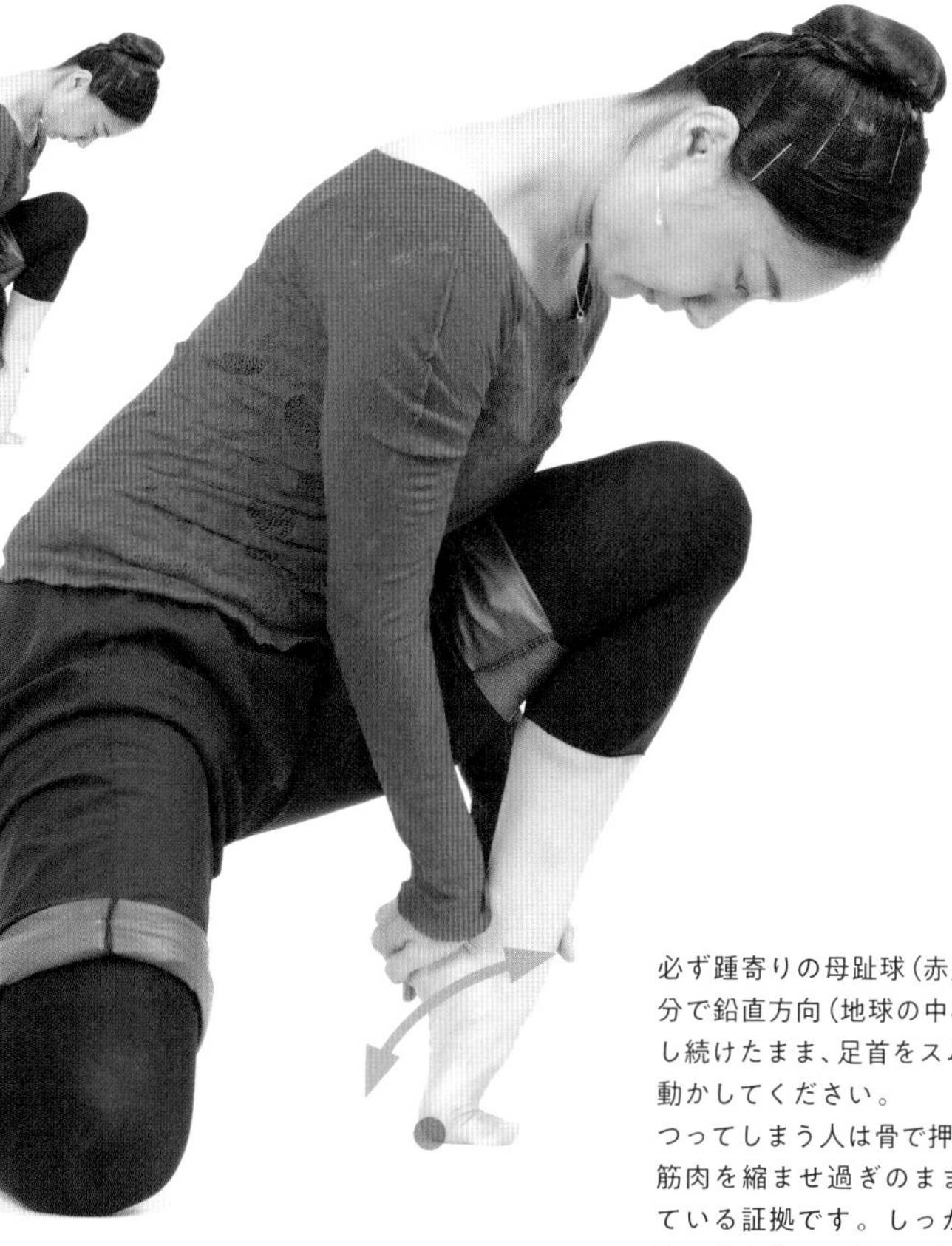

4.

必ず踵寄りの母趾球（赤丸）の部分で鉛直方向（地球の中心）に押し続けたまま、足首をスムーズに動かしてください。

つってしまう人は骨で押せずに、筋肉を縮ませ過ぎのまま動かしている証拠です。しっかり骨を当て力を抜いて行います。

足指と足首のストレッチ

母趾球のストレッチを行ったあとは母趾球・小趾球・踵の三点で床をとらえることができるようになっています。その状態で体重をかけていくと、足指や足首がストレッチされやすくなります。

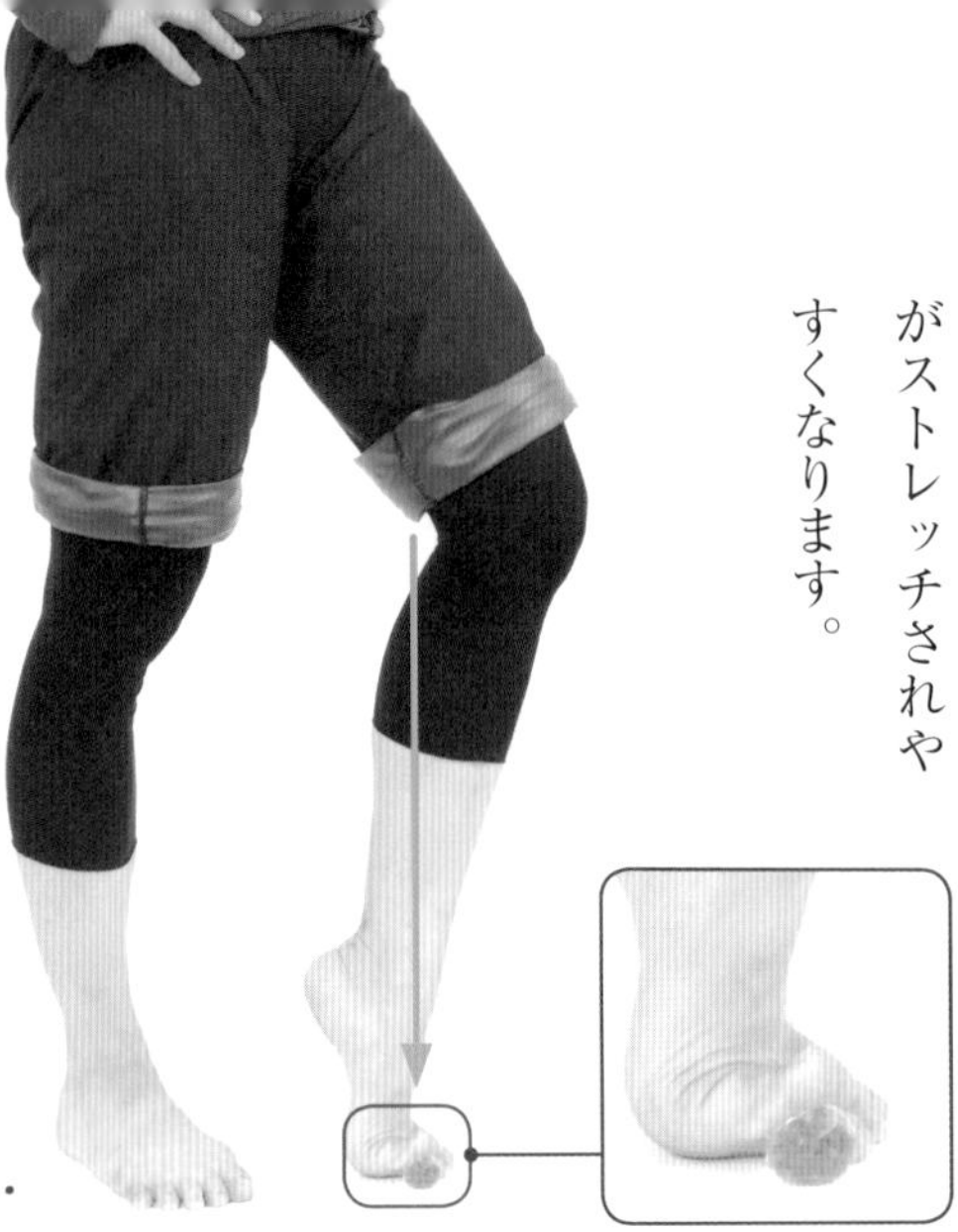

1.

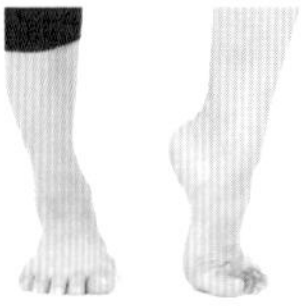

2.

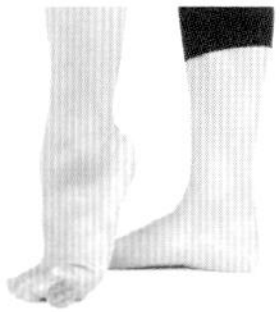

3.

母趾球と足指のストレッチ

①～③スーパーボール（直径３cm）を足指の下に置き、指が反った状態でボールに体重をかけ、母趾球を床に押しつけます。親指から小指まで行います。

1.

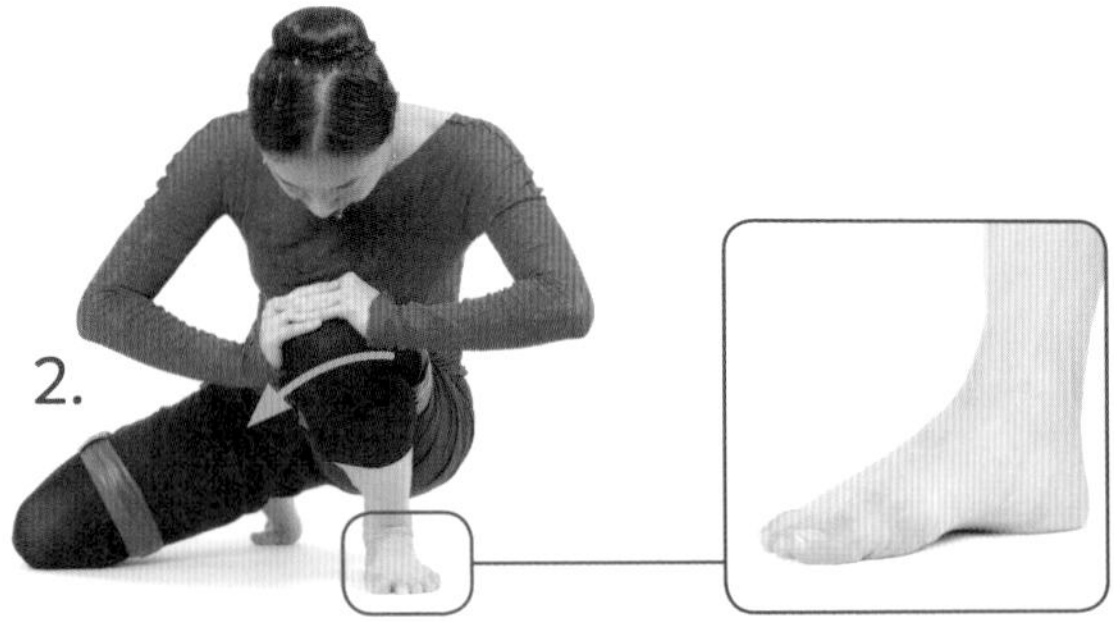

2.

3.

足首のストレッチ

母趾球・小趾球、踵の３点が床についた状態で、①中指、②親指、③小指のそれぞれの方向に10秒ずつ前にストレッチします。この時に踵が浮かないように注意します。

小指から足指を活性化する

足指・足裏が柔らかくなったら、足指を動かす神経を正しく発達させます。必ず小指から親指の順番で曲げていきます。そうすることで、足指の深いところから曲げることができます。

曲げる筋肉が動くと指を開く柔軟性が増し、足裏のセンサーが発達します。

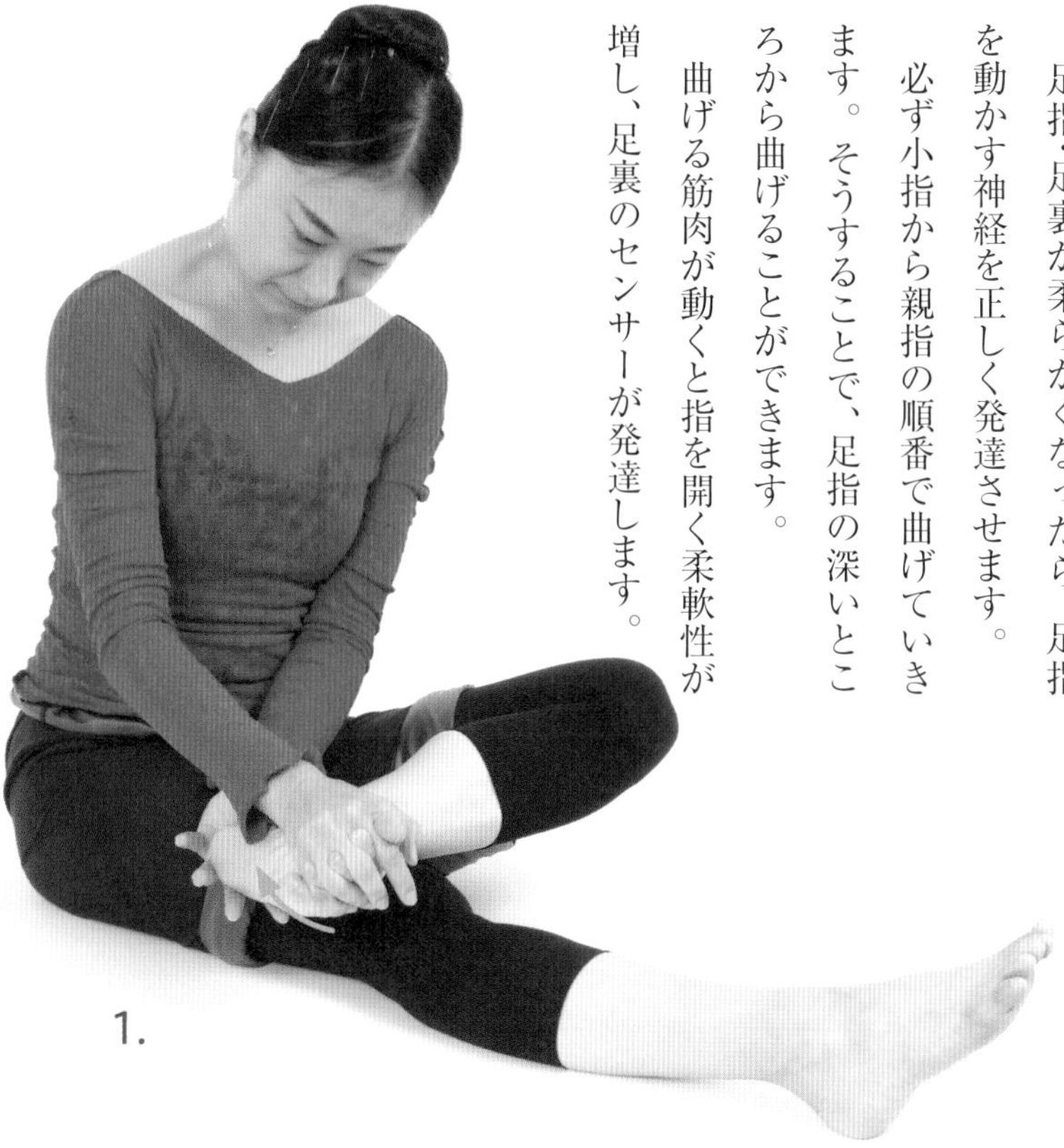
1.

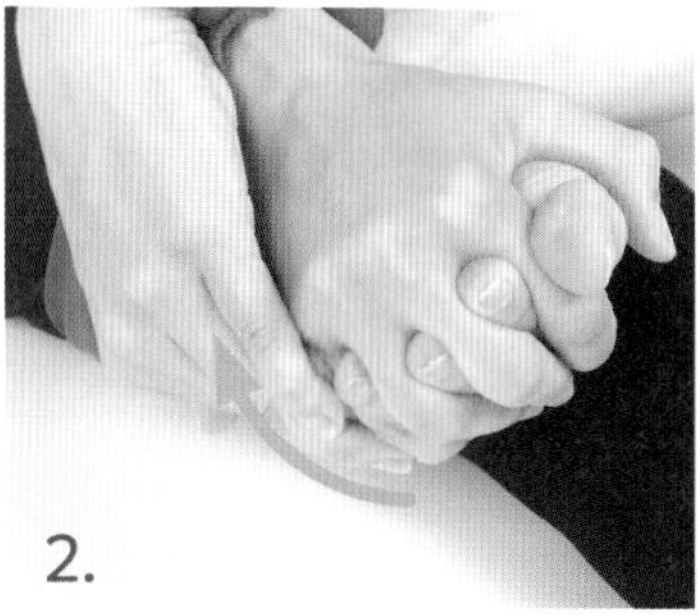
2.

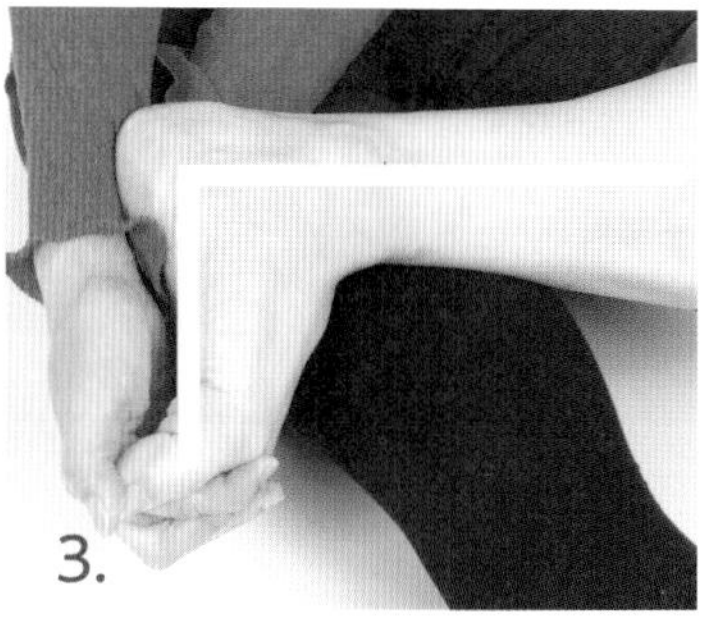
3.

足首を90°にする

①小指から10回ずつ曲げていきます。②小指はなかなか反応してくれない部位なので、反対側の手でサポートしてもOKです。③親指まで行ったら足首を90°にしてさらに10回行います。すぐにつってしまう人は足指の力が強すぎるので、手で足指を曲げてあげるだけにしましょう。足裏3点の感覚がアップします。

「地面を押す」感覚

地面を押すといっても、力任せに足裏を押しつけるだけで正しく押せていない人が大半です。これはお腹、つまり丹田に力が入っていないためです。丹田が空っぽで中身のない身体を地面に乗っけているから、力んで押しつけてしまうのです。

「乗る」のと「押す」のとでは身体の反応が正反対になります。正しく地面を押せれば地面から上に伸びる反力が得られますが、押しつけてしまうと得られません。

重力の方向がイメージしにくい人は、目の前からなにかを落下させて方向を確認すると良いでしょう。立ったりしゃがんだりして床を押せない人は股関節に詰まりを感じることと思います。それでも丹田に力を入れてみると、少し股関節が解けるようにやわらぎ、「押す」感覚が分かってくると思います。「母趾球のストレッチ」や「スーパーボールを足指裏で押すストレッチ」の時にも、この感覚を見つけてください。

終わったら、もう一度立って静かに目を閉じ、足裏を感じてみましょう。

重心の位置、足裏の面積や大きさ、または感じられることに変化が起きているでしょうか。人によっては、足踏みをした時に股関節が軽く感じられたりします。他にも「姿勢が良くなった気がする」「目線が高くなって視界が広くなった気がする」といった声がよく聞かれます。

もう一度足裏を感じる

目を閉じて足裏を感じます。ストレッチを始める前との違いを感じましょう。

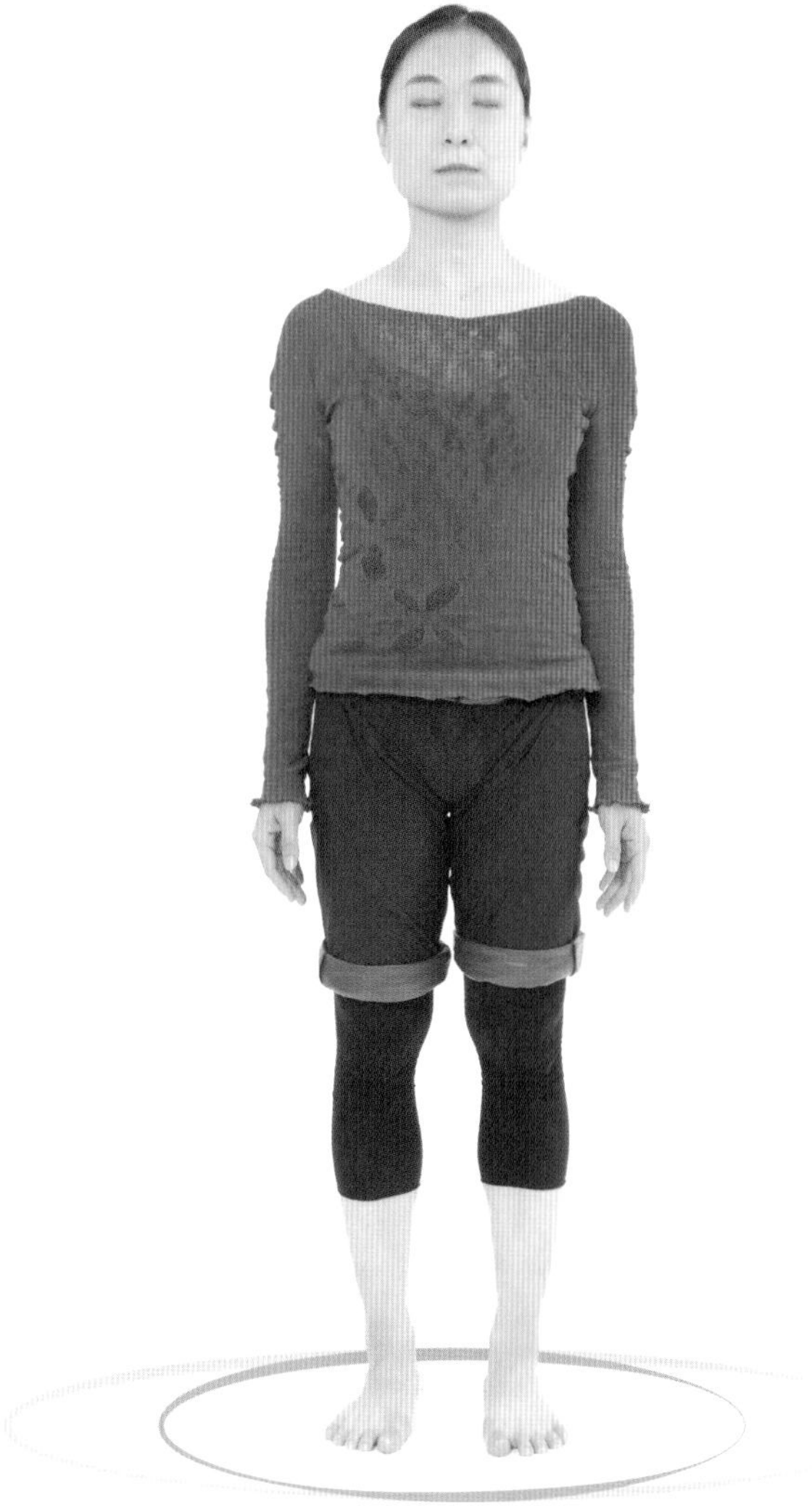

ここでもう一度、96～97頁で紹介した、チェック動作①と②を実施し、ビフォーアフターの比較をしましょう。

バランスがとれてグラグラしにくくなったり、崩れてもすぐ立て直せたりできるようになっているのではないでしょうか。

ここで注目したいのは、バランスのとり方の変化です。身体を固めて力みながらバランスをとっていた身体が、力が抜けて四肢をのびのびと伸ばしながらバランスをとるようになっている……。そんな変化を確かめてみてください。

同じトレーニングをしても中身が詰まったきれいな身体になる人と、なかなか身につかない人とでは、足指と足裏に明らかな違いがあると思います。

だから目指すのは、

・足裏が柔らかくなること。
・足指が機能すること。
・足首が整うこと。

です。

足裏が柔らかくなると足裏にある身体のバランスに関与するセンサーが活性化します。それによって身体が無意識に反応し、安定しやすくなります。足指が使えるようになることも同様です。

足首を構成している骨・筋肉・靭帯は多くが足指につながっています。だから足指が機能することで足首も安定します。滑車のようにスムーズに動く足首になれば、その連鎖反応で股関節もスムーズに動き出します。繰り返しになりますが、足が身体の安定性と股関節の可動性を左右する、重要な土台なのです。

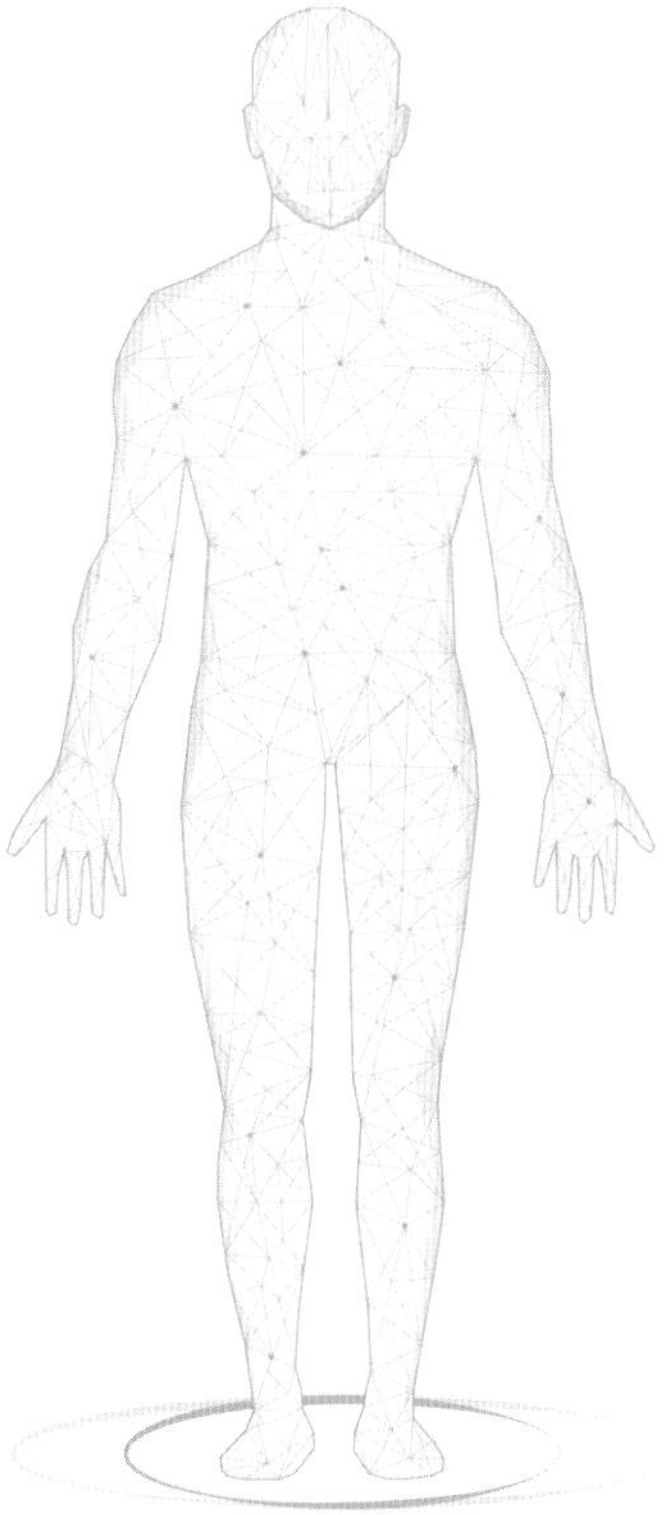

私たちの身体は様々な感覚器官とそれにつながる神経が張り巡らされています。そのなかでも、足裏は身体全体のバランスに深く関係するセンサーが無数に存在する土台なのです。

5. 骨盤のエクササイズ

ボールを使ったエクササイズ

ボールに坐って左右、前後、回転してお尻でボールを潰すように動きます。この時、坐骨が下に向く感覚を目指します。

ボールに対して垂直に坐る

ボールに対して坐骨から背骨が垂直になるように坐ります。背中が曲がらないように注意します。

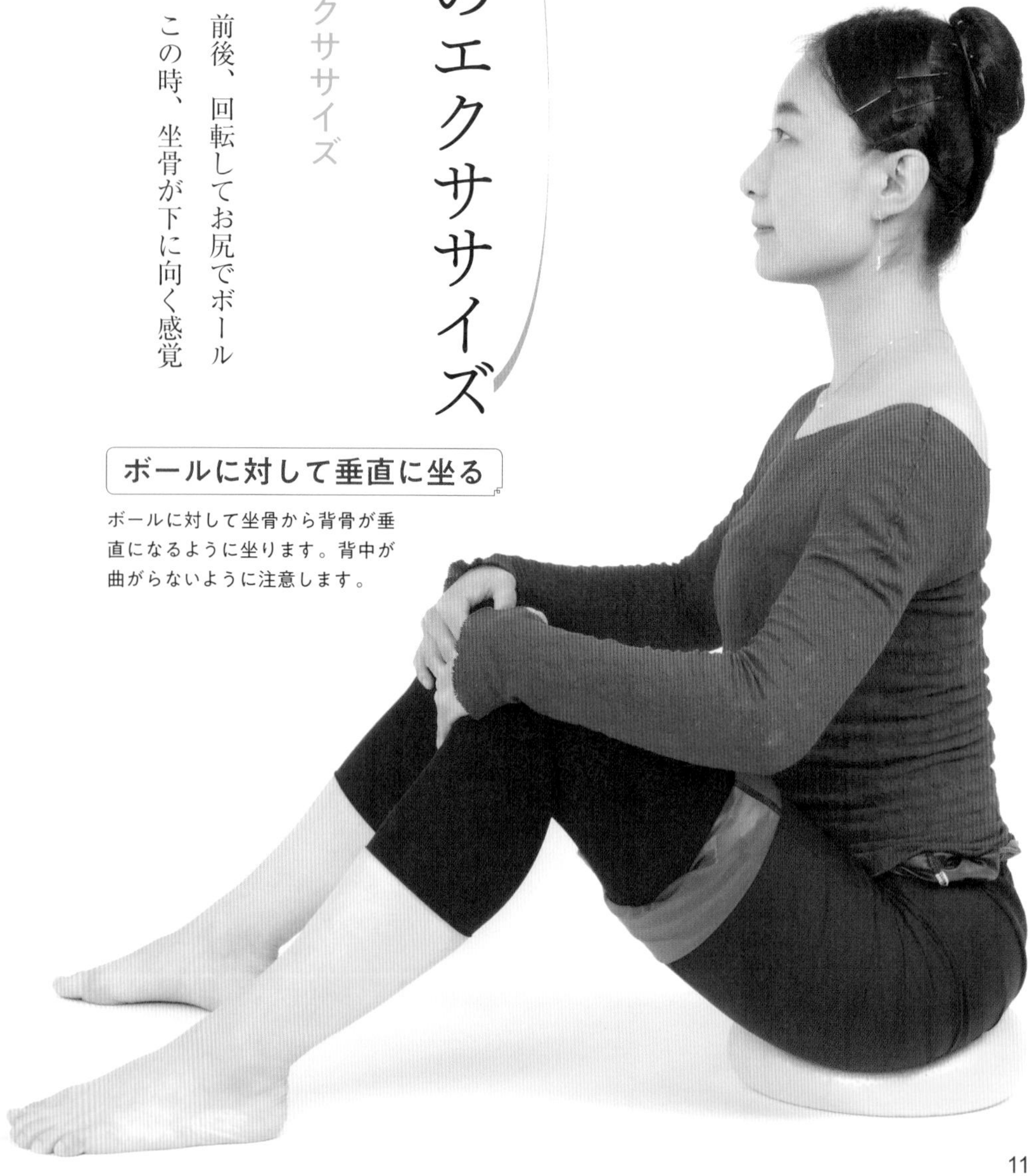

前後に動く

右頁の垂直の位置から、①②前後に坐骨でボールにしっかり圧をかけながら動きます。足裏でしっかり床をとらえて、目線は真っ直ぐ遠くに置いたまま骨盤と背骨だけが動くイメージです。左右回転も行います。

左右に動く

①～③垂直の位置から左右に動きます。左右に動いた時には坐骨が床につくのが理想です。脇腹を締めることで動き、自然に背骨がしなり「C」の形になります。慣れてきたら手を床から離して行います。

このエクササイズで使っているのは直径23~25cmくらいの小型のバランスボールです。程よく押し潰すために空気は6~7割程度にしています。ボールがない場合、バスタオルで代用できます。バスタオルを丸めて縦に置いたものをまたぐように乗り、左右に骨盤を動かします。

うつ伏せで行うエクササイズ

うつ伏せの状態で挟んだボールをパートナーに取ろうとしてもらうエクササイズです。

ポイントは、

・首の力を抜くこと。
・頭と足を反対方向に伸ばそうとすること。
・背中が丸くなってしまう人は、手を開いて二の腕を外旋して肩甲骨を寄せること。

これらに注意することで、集める力が強くなります。

内転筋、ハムストリングス、骨盤底筋、腸腰筋のトレーニングです。

終わったら、もう一度立ってみましょう。

どんな感覚がありますか？　再びチェック動作を行って、変化を感じてみてください。

うつ伏せでボールを挟む

①腰骨（上前腸骨棘）を床に押し当て、ボールを股に挟みます。②パートナーがボールを取ろうとするのを股をギュッと締めて防ぎます。
・10秒キープして一休み。
・20秒キープして一休み。
・30秒キープして終了。
のローテーションで行います。
パートナーは相手の背骨や首を意識して上下方向に引っ張ってあげると、相手の身体が中心に集まりやすくなります。

2.

1.

6．股関節のエクササイズ

〝股関節をはめるエクササイズ〟と呼んでいます。

とても効果があるので人気のエクササイズです。

準備の姿勢

正面を決めて、鼻、胸骨、へそが縦に一直線に並ぶ姿勢をつくります。

正面に対して両肩は垂直の関係に位置させて、両肩の高さは揃えます。難しい人はできるだけ身体をしっかりとひねりなるべく揃えましょう。

前足の膝はおへその前に、後足の膝は骨盤よりも後ろに置きます。

目線は遠くの一点に定めて、動作中は目を泳がせないようにします。

II 踵の上げ下げ

①②膝を支点に股関節を内旋させて踵を上げます。下ろす時は脇を締めて股関節を外旋するのを意識して、これを８回。

1.

2.

6.

4.

5.

I 足先の上げ下げ

①②踵を支点にしてつま先を上げ下げします。足の指を開く意識で行います。これを８回。

III 膝の上げ下げ

①②前足の坐骨を支点にして足を内外旋させることで膝を上げ下げします。背骨は真っ直ぐで身体を前に倒すのはOKです。これを８回。

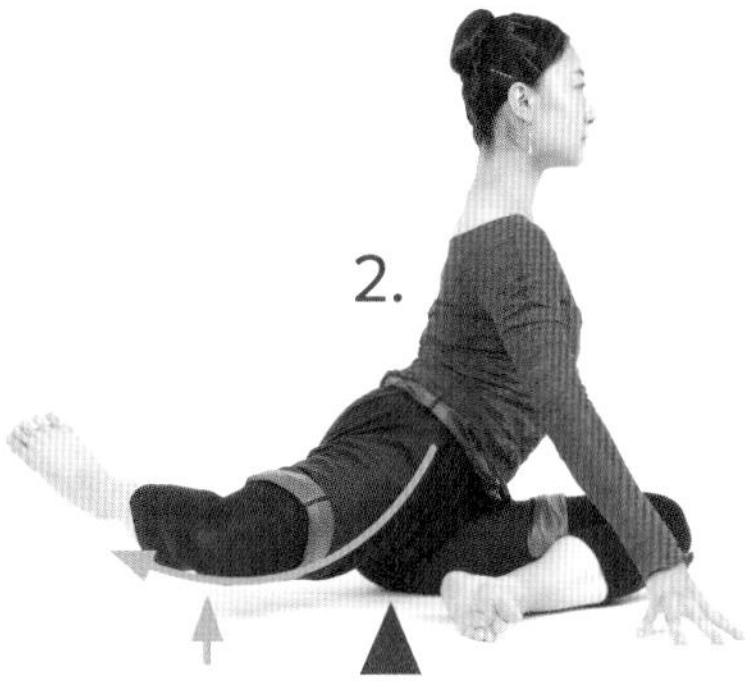

IV 内外旋（横）

①～⑥背骨をねじりつつ丸めて後ろ足を内外旋させます。後ろ足側の手で、反対側の手首を持ち、後ろ足側に引きながら背骨をねじりつつ丸めます。この時に前足の膝は動かさず後ろ脚を外旋させ膝を上げます。元に戻ってこれを４回。

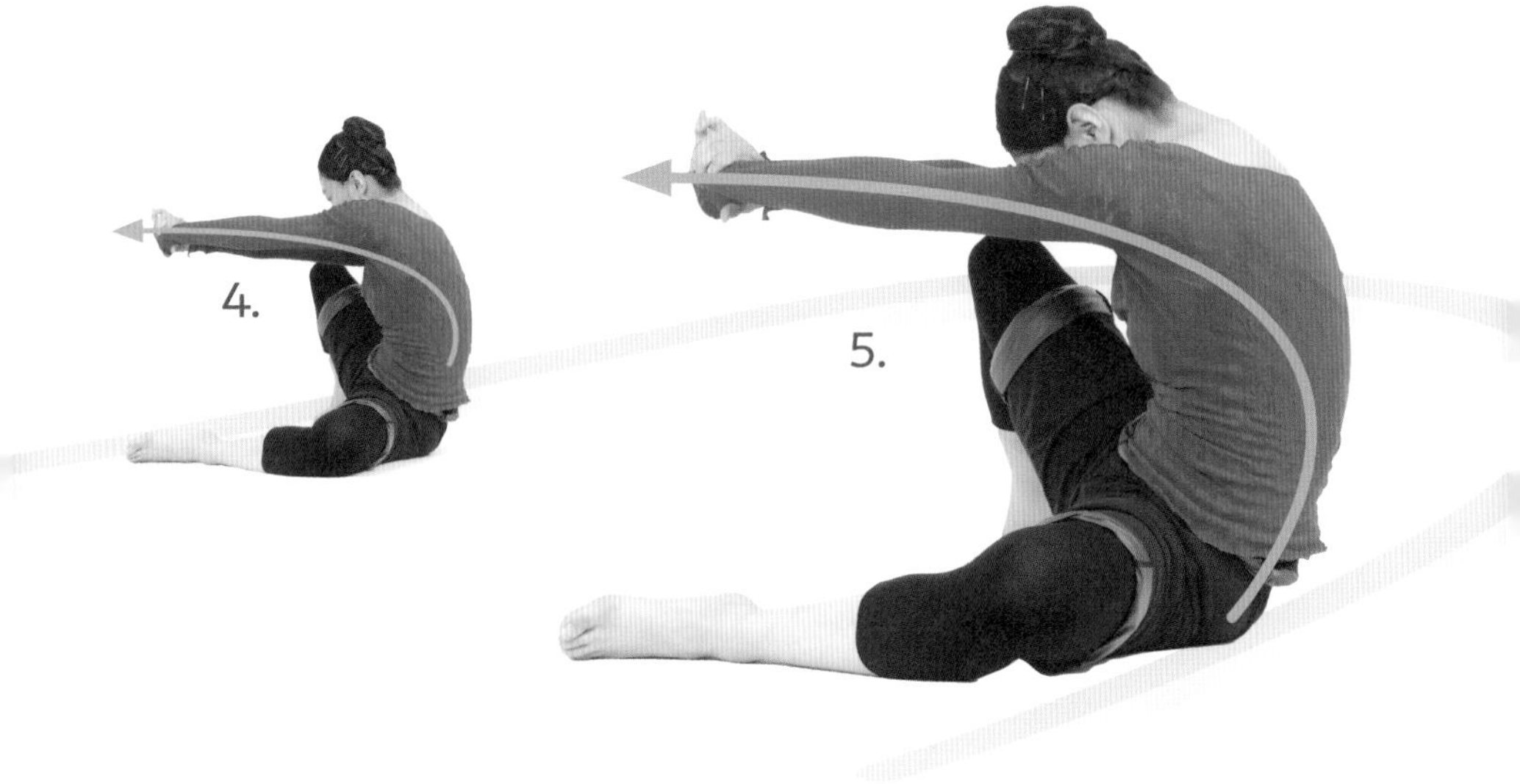

左手で左の膝を浮かないように押さえて、

右手で右膝をフォロー。

Ⅳ 内外旋（正面）

①～⑤正面から見ると前の膝の位置はそのままに、背骨を軸にして脇腹をねじり身体を90°ひねっているのがよく分かります。

Ⅴ 8の字運動

①～⑥つま先で8の字を描くように股関節を内外旋します。自分の真正面と真後ろで８の字を描くイメージで行います。理想的には踵の末端から動きます。⑦～⑫手でサポートしてもOKです。左右４回ずつ。

右手で右の坐骨をフォロー。

左手で右の踵をフォロー。

ここまで紹介してきたⅠ～Ⅴを最低2セット行いましょう。
この股関節のエクササイズで意識するポイントは次のようになります。

・ねじること。
・背骨を引き上げること。
・てこの原理。
・動きの順番（くぼみ（＝深部）から）。
・下の足は床に下ろす。
・末端（つま先・頭の先）の感覚を研ぎ澄ます。

すべて内旋動作と外旋動作なので、「回す」あるいは「スパイラル（螺旋）」の意識を持つようにしてください。背骨のサスペンションを利かせながら、反作用で頭が上に向かうくらい坐骨で地面を押して肩と骨盤を寄せます。

筋肉は関節を順番に繰り返し動かすことで伸縮性が増します。伸縮性が増すと「筋肉がゆるむ」という変化が起きます。

股関節を整える

股関節は「球関節」と呼ばれ、あらゆる方向に動くことが可能な形をしています。万能な動きを可能にするため、また関節が適切な位置で安定性を保つため、あらゆる方向に筋肉や腱が張り巡らされています。ところが同じ方向への動作ばかりを繰り返すと、その方向に関与する筋肉のみが疲労して硬くなっていきます。

例えば歩いたり走ったりばかりの人なら前に歩く一部の筋肉が硬くなり、デスクワークが多い人なら、後ろ側の筋肉がほとんど使われないことで硬くなっています。内股やO脚の人はお尻を閉じることが苦手になっていきます。

股関節で大腿骨と骨盤が正常な位置関係をとり、よく動くようにするには、外旋筋をはじめとする身体の後ろ側の筋肉をよく動かし、伸縮性の高い状態を保つ必要が出てきます。外旋筋につながっているのは小指、スネの外側、骨盤の外側と後ろ側です。

ここで紹介した股関節のネジを締めるこのエクササイズでは、外旋筋に直接働きかけることで、外旋筋につながる部位をすべて締めるように動かしています。

7．外旋筋のエクササイズ

本書で扱う「外旋筋」とは、深層外旋六筋と呼ばれる、骨盤の後ろ側の奥にある筋肉群の総称です。小さく繊細な筋群ですが、滑らかで美しく動作するうえでとても重要な役割を担っています。外旋筋を活性化し大腿骨頭が股関節のソケットの適切な位置に収まって回転すれば、スムーズな深いスクワットができるなど、様々な動作改善が可能となります。球状の股関節はきわめて自由度が高い反面、一部の筋肉だけが用いられることで正しい回転が阻害され、角度によっては骨同士がつっかえてしまいます。身体の背面で、さらに深層にあるため意識しにくく、坐りっぱなしの生活ですぐに衰えてしまう部位でもあります。外旋筋のエクササイズでは意識しやすい他の筋肉の活動を抑え、深層の外旋筋に直接アプローチすることができるので、外旋筋の感覚を得やすくなっています。

足の小指と外旋筋は連動しています。それは足の小指が使えなければ外旋筋が働かないということでもあります。小指が内側に曲がる内反小趾でも連動しにくくなります。立った時の小指の向き、握る時のアライメントが正しい位置でトレーニングを積むことが大切です。

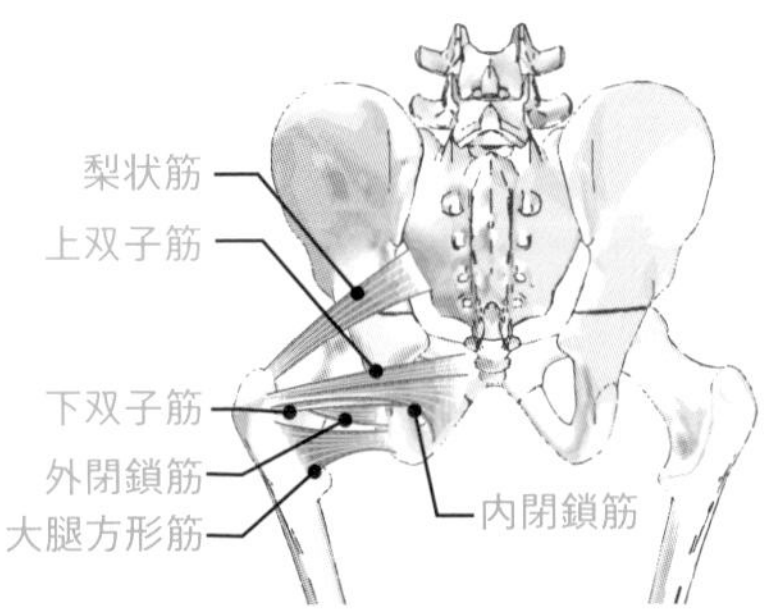

深層外旋六筋

梨状筋・上双子筋・下双子筋・内閉鎖筋・外閉鎖筋・大腿方形筋の６つから成る筋肉群です。小さいですが下からの力を上に伝える重要な筋肉です。

足の小指と薬指の間に、手の人差し指と中指を入れます。

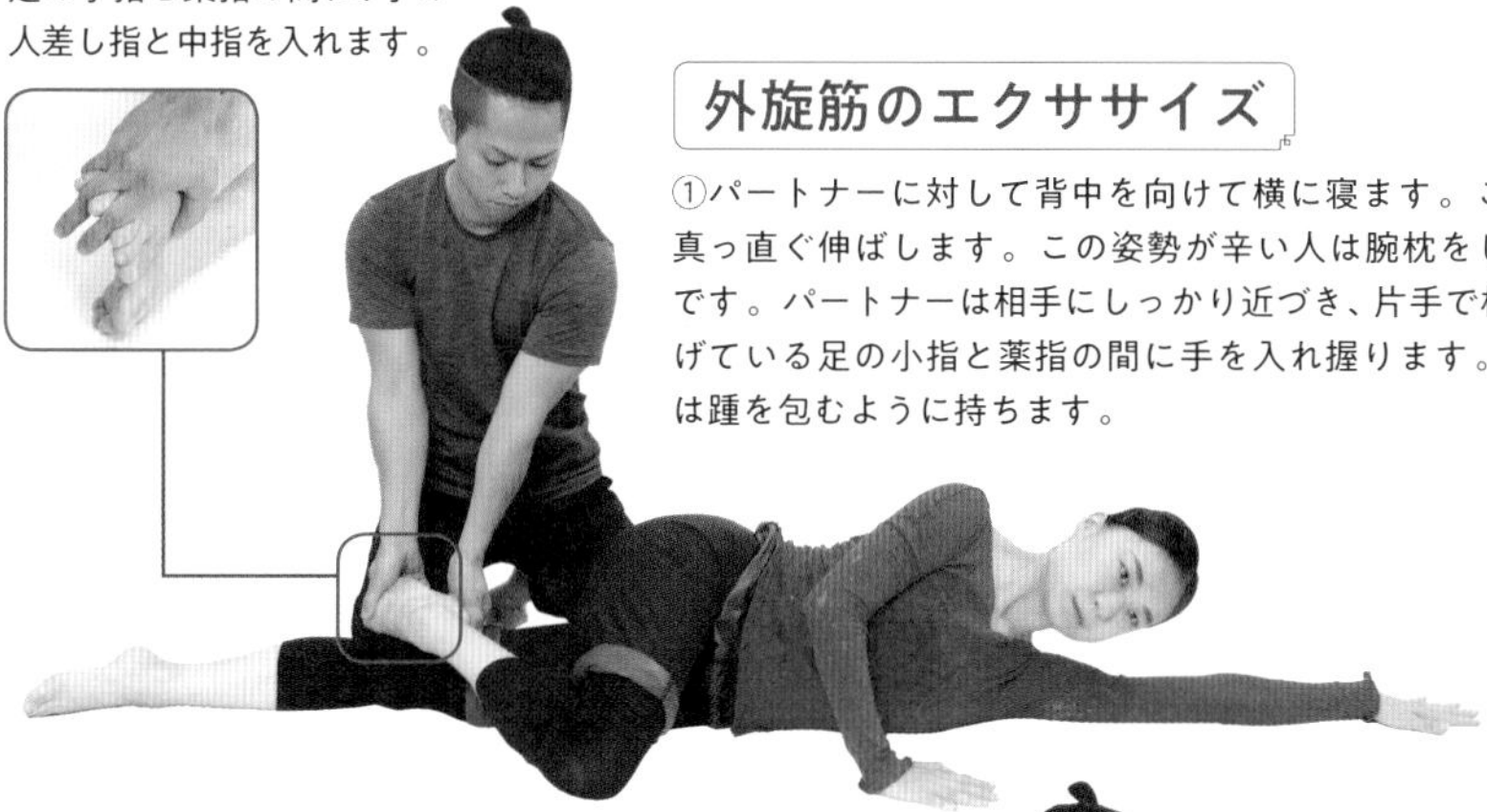

1.

外旋筋のエクササイズ

①パートナーに対して背中を向けて横に寝ます。この時に首は真っ直ぐ伸ばします。この姿勢が辛い人は腕枕をしても大丈夫です。パートナーは相手にしっかり近づき、片手で相手の膝を曲げている足の小指と薬指の間に手を入れ握ります。反対側の手は踵を包むように持ちます。

②実行者はパートナーに握られている足の小指に意識を集中させて、パートナーの手の指を握りつつ膝を天井に向けて外旋させます。パートナーは実行者の外旋の動きをフォローしましょう。

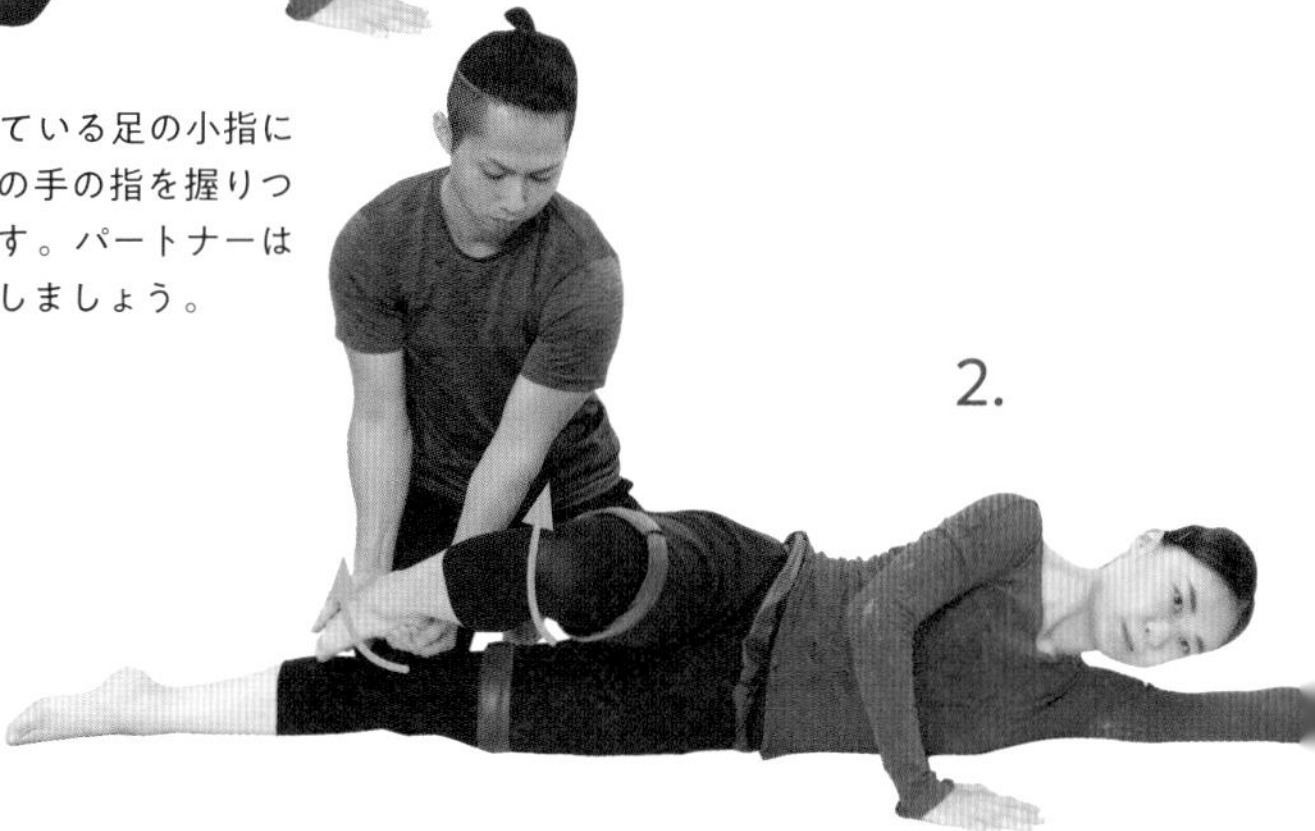

2.

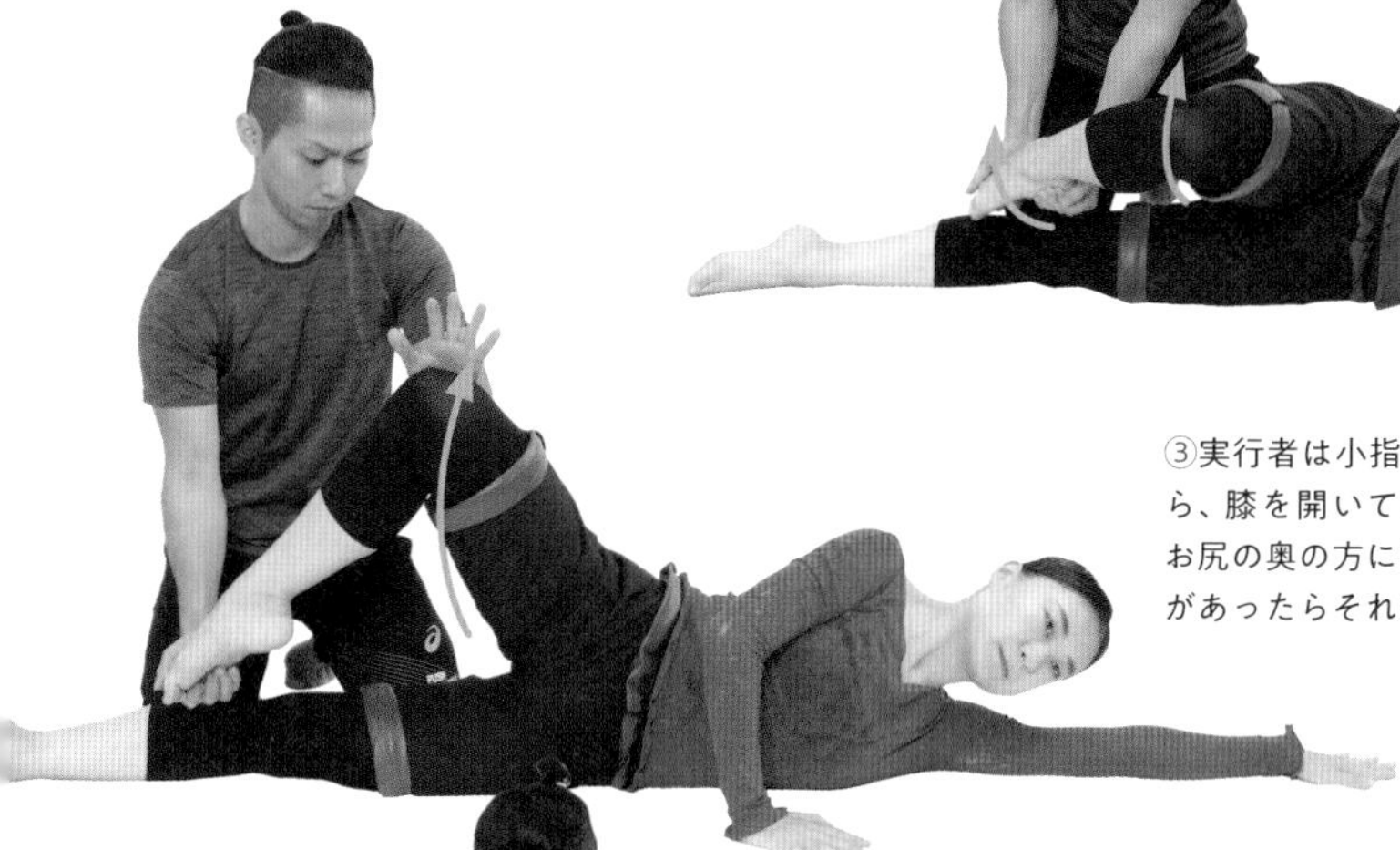

③実行者は小指の握る力を強めながら、膝を開いていきます。この時、お尻の奥の方に「キューッ」と収縮感があったらそれが外旋筋です。

3.

④そのまま膝を開いていきます。パートナーは膝が完全に天井を向く少し前で膝を閉じる方向に力を加え、実行者はそれを押し返すことでさらに外旋筋を効かせます。痛いくらいの収縮が起こる人もいるので、これは5回~10回で十分です。終わったら膝をゆっくり下ろします。これを左右で行います。

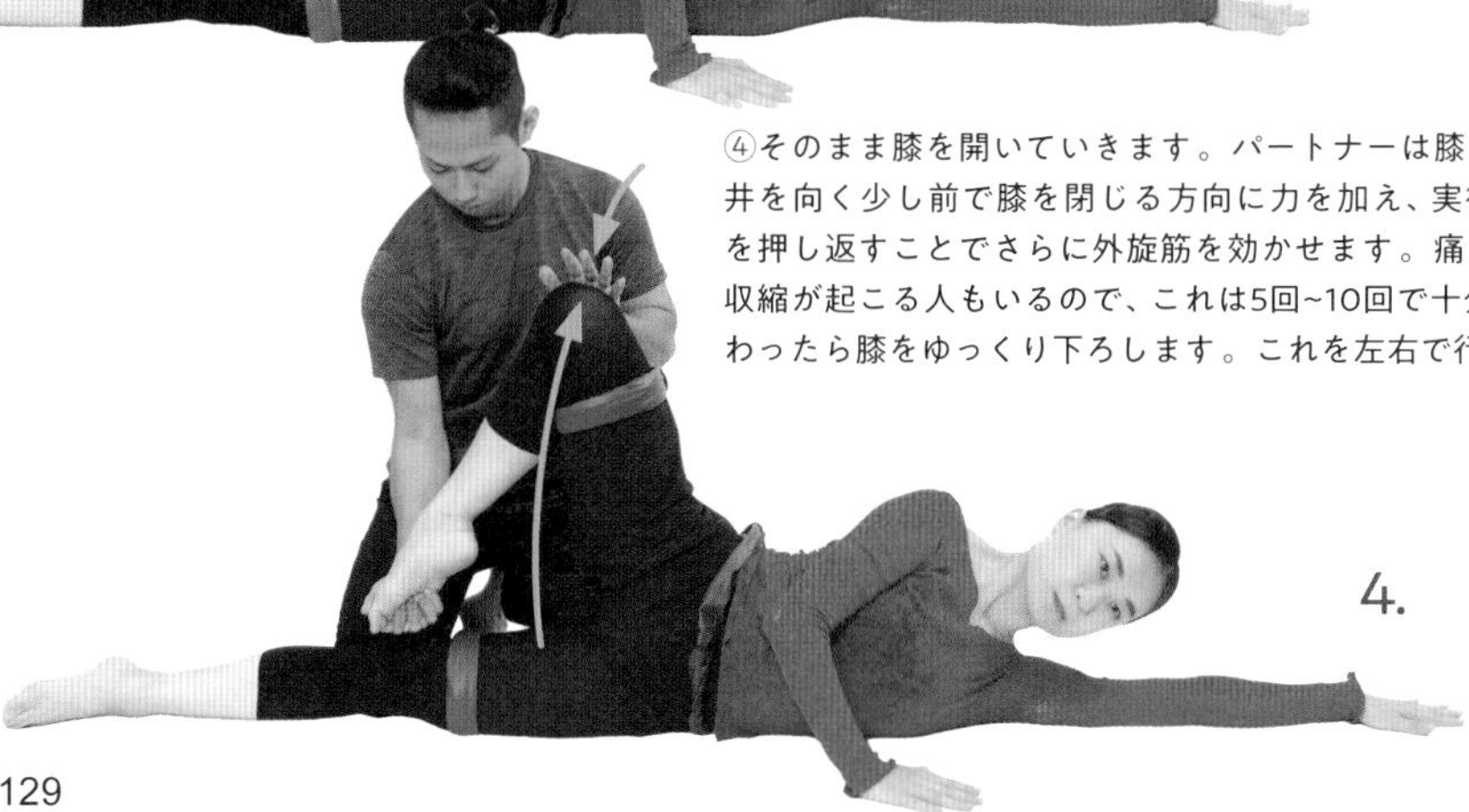

4.

このエクササイズのポイントは、

・膝を開き続けることで股関節を外旋させること。

途中で足の小指の力が弱まったら、そのたびにパートナーはもっと強く握るよう促してください。小指でパートナーの手を握る状態を維持することで、外旋筋の働く感覚が生じやすくなり、回数を重ねるほど、ネジが締まるように奥へ奥へと深い感覚が芽生えるからです。

足の小指は脳から最も遠いため、普段足を使っていない人がコントロールしようとしても、すぐに神経が通うことはありません。人の手で小指の触覚を刺激することで、しだいに意識しやすくなります。

実行者は寝ている姿勢にも気をつけてください。首が歪んだり曲がったりしていると神経がつながらず、全身の筋肉に信号が伝わることもなく、トレーニングにならないからです。

エクササイズが終わったら立って、違いを感じてみましょう。お尻の下がまとまり小さくなるような感覚や、ヒップアップしたり、踵で床を押す感覚が鮮明になったりしていませんか？　片側が終わった段階で一度立ち上がって、左右の感覚を比べても良いでしょう。

8・体幹を「伸ばす」

筋肉同士のバランスによって生まれる、身体本来の構造（テンセグリティ構造）を整え、強度を取り戻すエクササイズです。

体幹を構成する筋群の協調性や調和が生まれ、その結果として軸が生まれます。身体が背骨に集まることで頭の位置が修正されて首が整い、体幹の根幹である大腰筋が働く感覚も研ぎ澄まされます。

テンセグリティ（tensegrity）とはTension（張力）とIntegrity（統合）の造語で、互いの張力を利用してバランスをとり支え合う構造システムを意味します。私たちの身体もまた、筋肉や腱などが支え合うことで成り立っています。
著者が手に持っている模型はこのテンセグリティ構造を示したもので、それぞれの棒が輪ゴムによる張力でつながり弾力性のある構造を維持しています

5.

6.

⑤⑥背中を丸めないように、頭と首、指先を伸ばし続けながら上体を起こしていきます。

4.

④背中と首をできるだけ伸ばして腕を耳の横に。指先までを真っ直ぐ伸ばします。手のひらは内向きです。

9.　10.　11.　12.

⑨指先を天井に向け、身体を真っ直ぐに。

⑩～⑫両手をゆっくり横に下ろしていきます。これを最低3回。やるほどに背骨が伸びます。

準備姿勢

このエクササイズは足の開き方によって難しさが変わります。最初は①足幅を肩より広くとり、慣れてきたら、②足先を開いて立つ、③足先を閉じて立つ、④つま先立ち、という順番で行ってください。

1.

2.

3.

4.
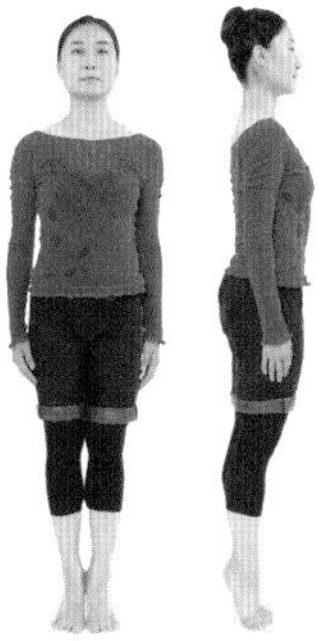

体幹を伸ばすエクササイズ

エクササイズは常に足の裏でしっかり床を押していることを意識して行います。この“床を押す”という意識があることでエクササイズの質が変わります。

1.

①足のポジションを決め、身体を前に倒して足首を持ちます。

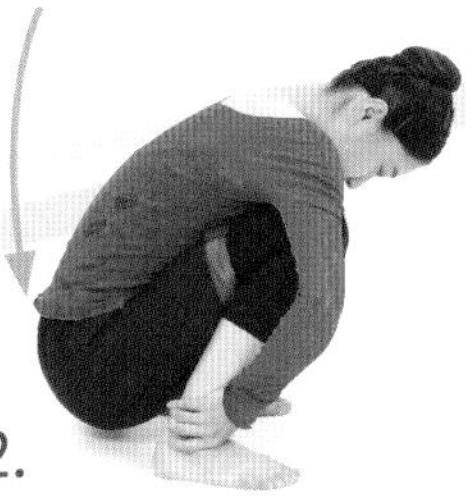

2.

②足首を持ったまま膝を曲げ、腰をできるだけ下ろします。

3.

③足裏の３点（母趾球、小趾球、踵）で地面を押し、腰を上げて膝裏を伸ばします。

⑦⑧重心はもう少しで踵が浮きそうになるくらい前に移動させながら、腰を引いてバランスをとります。

7.

8.

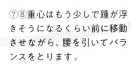

体幹を伸ばすEXのサポート法

ここでは２人で行う方法を紹介していますが、サポートが1人の時は、後ろ側から行ってください。

1.

2.

3.

①②サポートする人は実行者の前後に立ちます。

③首が真っ直ぐに伸びるようにフォローします。

4.

5.

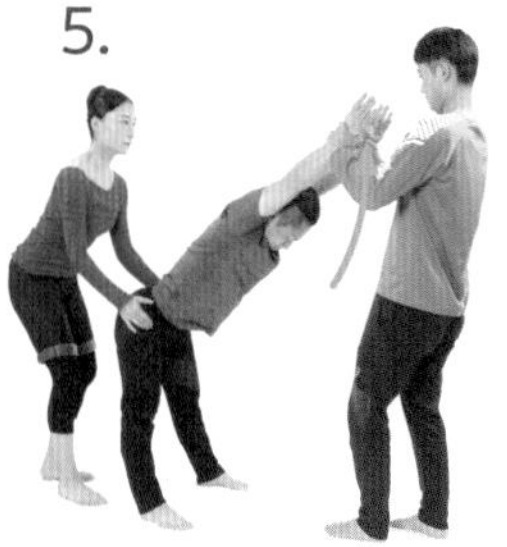

6.

④前の人は手首を持ち引っ張り指先まで真っ直ぐになるようにします。後ろの人は腰を支えます。

⑤そのまま前に引きながら上に向けていきます。

⑥後ろの人は背中が丸くならないようにチェックしつつ、バランスをとるのを助けます。

7.

8.

9.

⑦前の人は真っ直ぐ指が天井に向くようにフォロー、後ろの人は背骨を引き上げるのを助けます。

⑧背中が曲がりやすい位置と仙骨に手を当て、上下に伸びた骨の配列に誘導します。

⑨実行者が手を下ろすまで手を当てておきます。

このエクササイズのポイントは、

・正しく背骨が伸びれば、肩甲骨は下（斜め内側）に下がる。
・腰を引く時はお腹をゆるめると良い。

ということにあります。

肩は上がっても良いですが、僧帽筋がガチガチに固まっていたら動き方が間違っています。また、腰を引く時にお腹（腹直筋）が固まると、背中が曲がり、お尻も硬くなるため、股関節に動きが出なくなります。必ずお腹をゆるめて行いましょう。これは表層にある腹直筋ではなく深層にある腹横筋に働きかけたいためで、感覚としては「お腹をゆるめる」という意識で行うとちょうど良いのです。

背骨を真っ直ぐに伸ばすことで、自然なS字カーブが生まれます。というのも、私は現代人のS字カーブは大き過ぎると思っているからです。運動不足を感じる人や体幹の弱さを感じる人は**真っ直ぐを目指して良い**と思います。

背骨を長く伸ばせば、体幹内部にある大腰筋に張りが生まれ、それによって横隔膜・腹横筋・

腹斜筋・脊柱起立筋・多裂筋など、あらゆる筋肉に適度な張りとゆるみが生まれて、インナーマッスルもアウターマッスルも、身体の隅から隅まで全部が動く状態へと導かれます。そうやって足裏の骨で地面を押して起こる反力や張力を手の指先まで到達させるのです。

これはちょうどキャンプで使うテントの屋根に似ています。どこかがゆるむことなく張力のバランスがとれると、支える力と落下と下から上への反力が同時に働いて安定するでしょう。また、背骨にあるS字カーブの構造的な弾力、サスペンション機能をより引き出すことにつながります。伸ばせば伸ばすほど有益です。ただし、力んでやってもうまくいきません。適切なところに力が入り、余計なところの力が抜けることで、その人にとって適正な「かたち」が完成します。身体のどこが弱いのか、どこが強すぎるのか、といった自分の身体を知る学習にも役立ちます。

このエクササイズの土台となるのも足裏です。足裏に感覚があり、足裏の三点が理解できていなければまったく効果がありません。地面を足裏の三点で押せなければ筋力に頼ることになり、背骨が伸びる感覚を見つけられないのです。

ですからこのエクササイズは足裏の感覚を磨いたあとでしか行いませんし、その感覚が分かる方にしか指導しません。確かに力は体幹から出ます。でもそれ以前に私たちは重力の働く地球上で、足裏を地面につけて立っていることを忘れてはいけないのです。

9．丹田のワーク

丹田は臍下三寸（おへその下、9センチ）のところ。手の親指をおへそに置き小指が当たる下腹の部分です。お腹の表面ではなく、身体の中心部のイメージを持ってください。

「丹田」はあくまでも概念であって、足裏三点やインナーマッスルのように解剖学的な裏付けがある部位ではありません。

セルフで行う丹田のワーク

①仰向けに寝て膝を立て、おへそから9センチほど下を自分の指で押さえます。
②その指を押し返すようにお腹を膨らませます。これを「10秒膨らませて休憩、20秒膨らませて休憩、30秒膨らませて休憩」で繰り返します。

1.

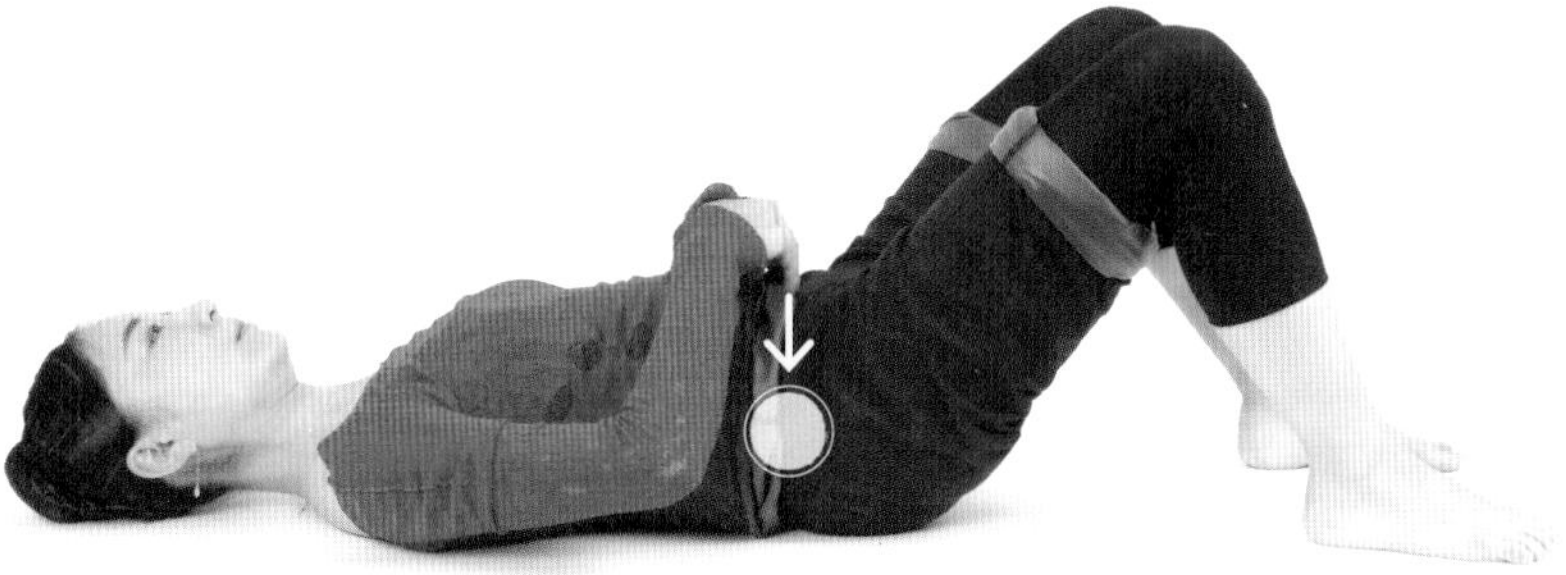

2.

2人で行う丹田のワーク

①実行者は背骨がなるべく全部床につくように寝ます。パートナーの人は丹田の部分を真上から真っ直ぐ押さえます。②実行者はその手がある場所を、皮膚の感覚を頼りにしながら膨らませます。これを「10秒キープ」→「休憩」→「20秒キープ」→「休憩」→「30秒キープ」で行います。終わったら立って身体の変化を感じます。

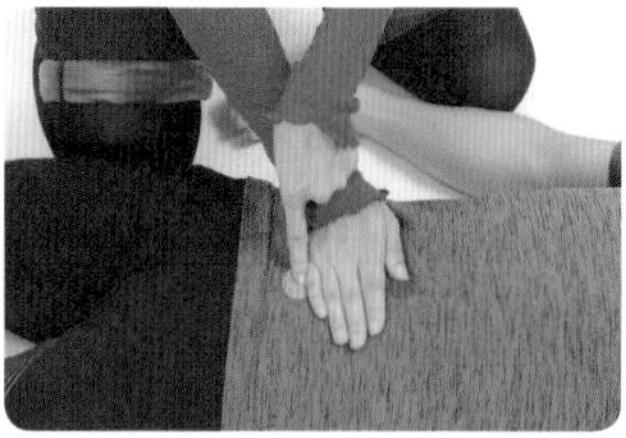

丹田はおへそに親指（赤丸）を当てて、小指の下の奥（黄丸）が目安となります。

1.

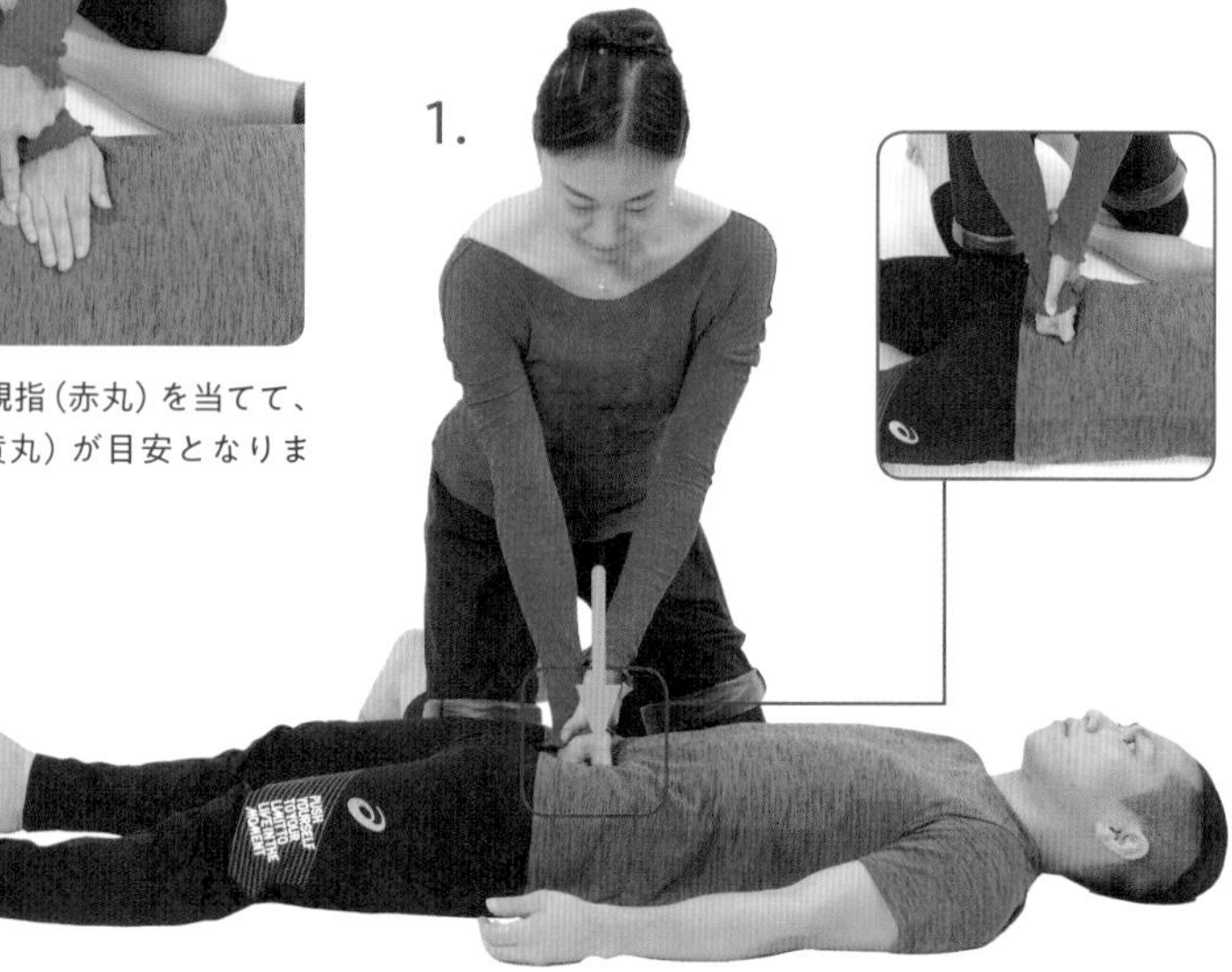

2.

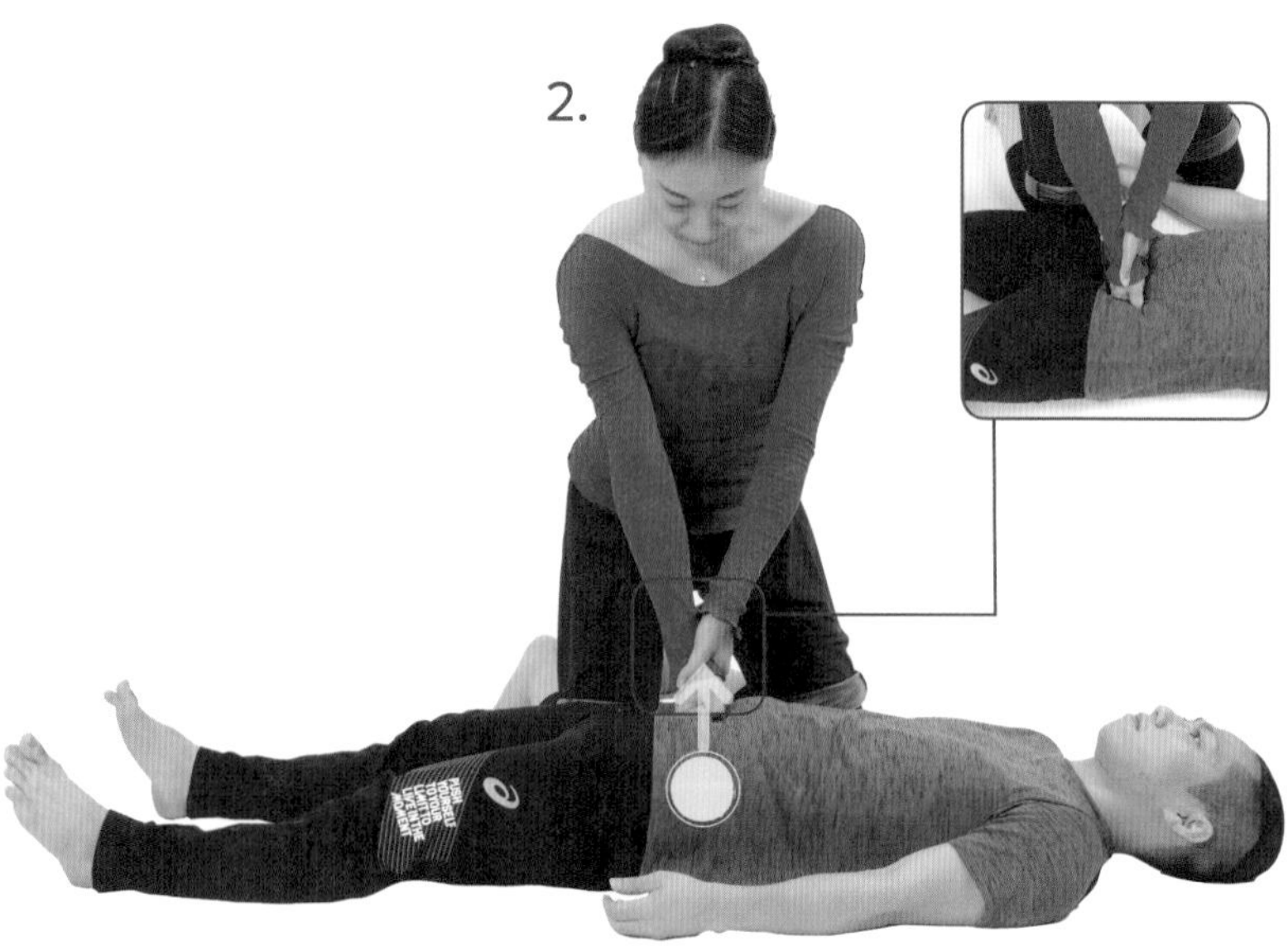

このワークのポイントは、

・必ず丹田の場所が膨らむようにする。
・息をしながらもお腹の膨らみをキープする。

ただ膨らませると、おへその場所やみぞおちの場所を膨らませてしまいますので、自分の手やパートナーの圧力を感じて丹田の部分を膨らませます。

また膨らませる時間にはそれぞれに、

①10秒…力の入れ方、丹田のスイッチを学ぶ。
②20秒…息を止めずに行えるようにする。
③30秒…丹田を膨らませながらリラックスすることを学ぶ。

という意味を持たせています。丹田のワークで重要なのは、呼吸とともに膨らんだりしぼんだりするのではなく、ずっと張っている状態を維持することです。それはどんな時でも丹田はオンの状態が良いと考えているからです。ここがオフになると、他の部位が頑張ってもバてもバラバラな身体になるからです。100%のうち、1%でも丹田が〝有る〟のであれば存在している身体、0%（オフ）であれば〝無い〟のと同じです。

丹田の存在感を無意識に身体に植え付けるため、他の部位はリラックスさせて丹田のみに集中して鍛えます。一度スイッチを入れて丹田の感覚をつかめば、あとは特に気にしなくても**自動的に身体の安定感、重心の安定感が生まれやすくなります**。ただしこのトレーニングをやめると感覚が薄くなっていくので、継続したほうが良いのは確かです。

うまくいかない人へのアドバイス

普段から肩が上がっていて重心が高い人、緊張して肩が上がりやすい人、お尻を固めやすい人はうまくいかないことが多いです。

丹田を膨らませる感覚は和式トイレで便を出す感覚に近いのですが、その経験がない人は下腹の感覚が分かりにくいようです。うまくいかない人は、次の方法を試してみてください。

ポイントは仙骨です。丹田に力を込めるとは、下腹を膨らませること。この時の身体は、身体の深部から放射線状に膨らみます。仙骨で外への力を出す、パートナーの手を潰すように押すことで自然にそのような状態になります。

仙骨を意識させて行う丹田のワーク

パートナーが実行者の仙骨の下に手を入れてあげます。実行者は仙骨でパートナーの手を押すようにします。すると丹田は勝手に膨らみます。

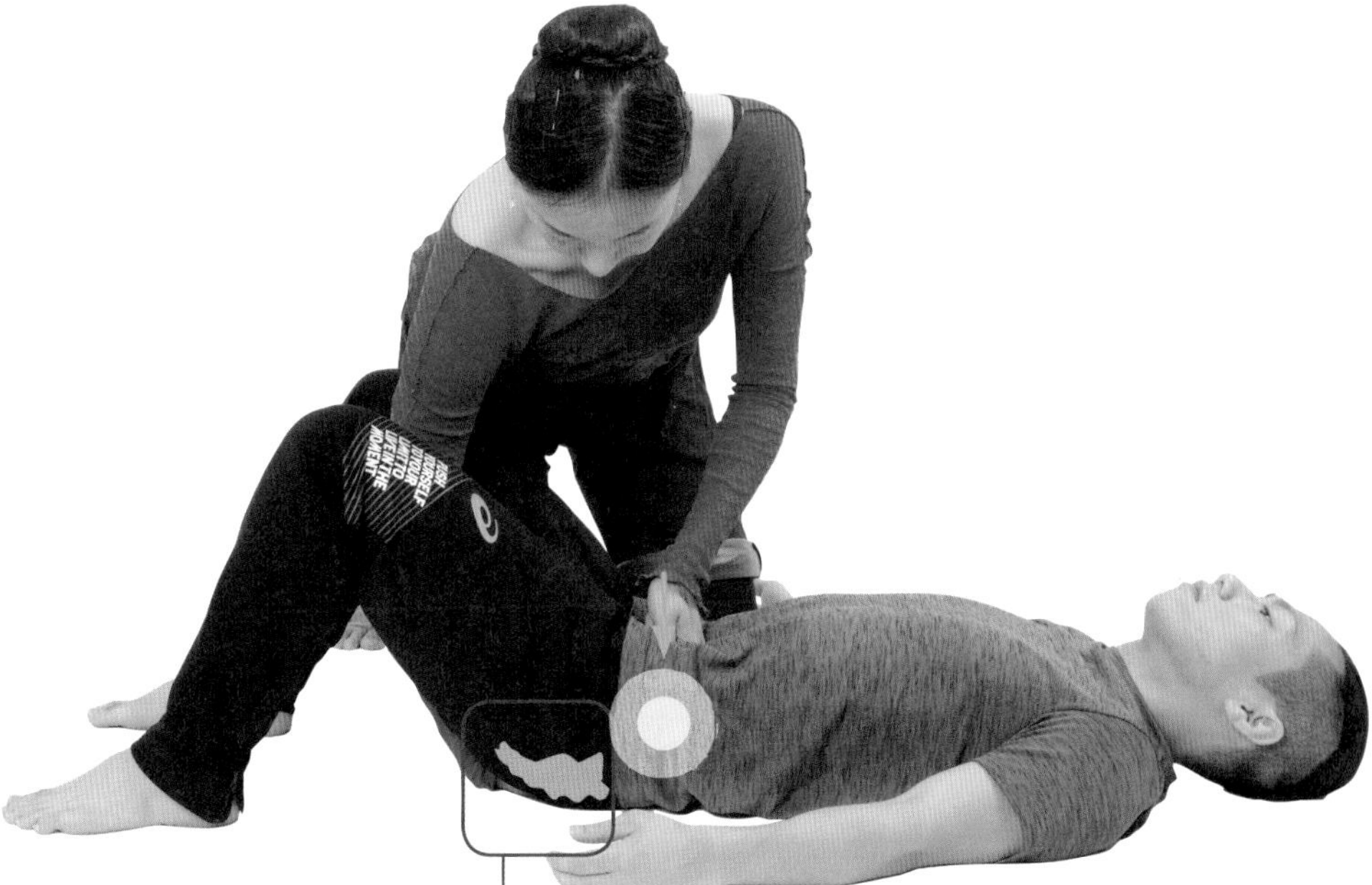

ペアの人は仙骨（黄色の部分）に手のひらがしっかり密着するように入れてあげましょう。

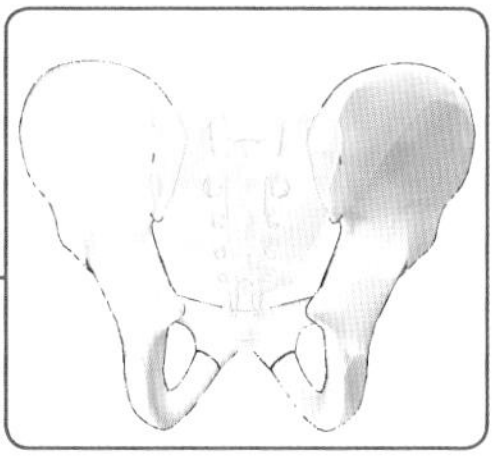

丹田が緊張をゆるめる

丹田のワークでお腹を膨らませることによって、結果的に余計な緊張をゆるめることにつながります。正しく丹田を膨らませることができると背骨が伸びます。これは背中の不要な緊張が解けるためです。

顎が上がっている人は、顎を引くことで丹田を膨らませやすくなります。

丹田を探そうとするあまり、眉間にシワをつくってしまわないように。身体の表面が緊張したり、硬くなったりしてしまうと、丹田や仙骨の感覚は見つけにくくなります。だらっとした脱力ではなく、凛とした落ち着きをもって、丹田を膨らませます。

3.

4.

5.

6.

丹田のワークは背骨があまり動かせず、仰向けから上体を起こす時に身体を丸めて背骨を一つずつ床から離すことができない方にも適しています。仙骨を床の方向に垂直に押し、下腹を膨らませることによる身体の使い方を学ぶことができるからです。

「仙骨で押す」「丹田を膨らませる」といったことができると、自然に腹斜筋や腹横筋がバランス良く使えるようになります。腹斜筋が発達すると、ピラティスの基本であるスクープという下腹を凹《へこ》ませる動作ができるようになっていきます。

丹田の使い方には、男女差があります。筋力が強い男性アスリートは、体幹を安定させるため、丹田を大きく膨らませたほうが良いのに対し、女性アスリートや一般の方はそこまでやる必要はありません。丹田が膨らんでさえいれば、それほど大きく膨らませなくても十分な効果が得られます。

丹田を意識して行う「スクープ」

①膝を曲げて床に座り両手を前に真っ直ぐ伸ばします。②～⑥丹田を意識しながらゆっくり上体を後ろに倒していきます。丹田から力が抜けないように仙骨でしっかり床を押す意識を切らさず、背骨が下から順番に床についていくイメージで行います。ストレッチポールの上での腹筋も同様です。

1.

2.

魔女のイメージする〝丹田〟

この章の最後に、私が丹田や重心をどのように認識しているか、参考までにご紹介します。

植木鉢と木

骨盤→植木鉢
丹田→植木鉢の中の土
背骨→植木鉢に挿す木

土（丹田）が敷き詰められていないと、木（背骨）を挿しても立てることはできません。だからといって添木（アウターマッスル）で固定するばかりでは、木は窮屈になってしまいます。でも土さえ豊かに敷き詰められていれば、木はのびのびと立ち風になびくことができます。根っこが土壌から吸い上げる養分は、足裏からの感覚刺激です。足裏からの刺激が養分

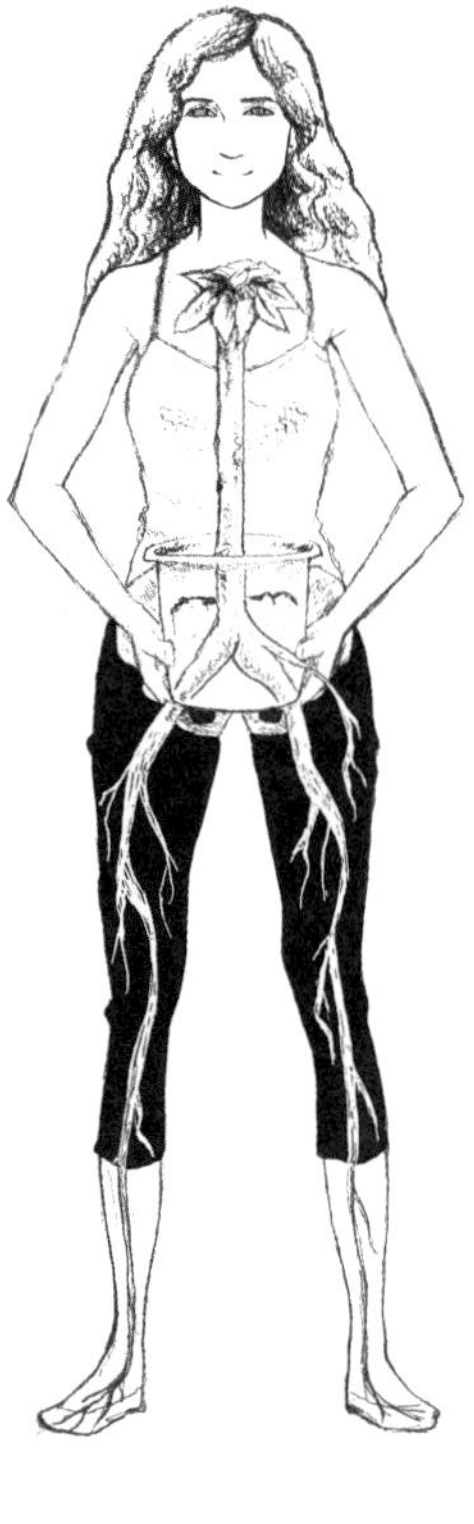

イラスト・junko

足裏からの感覚刺激が神経（根）を伝わり丹田（土）を育て、そこから背骨（苗木）が真っ直ぐに伸びるイメージです。

となって丹田を育てるのです。

足裏を柔らかくする、裸足で土や草など大地を歩くといった刺激によって丹田がより豊かになるのです。

金魚鉢と水

骨盤→金魚鉢
丹田→金魚鉢の中の水
重心→金魚鉢の中で泳ぐ金魚

普段は、金魚が呼吸できるよう濁りのないきれいな水を保ち、運ぶ時も驚かさないようそっと運びます。表現の仕方や質感を変える時は、金魚鉢の水を水銀のように重い流体にしたり、粘土にしたり、砂にしたり、土にしたりします。意図的に変えるというより、表現する質感を変えた時の丹田を思い返してみると、そのようになっていたという感じです。

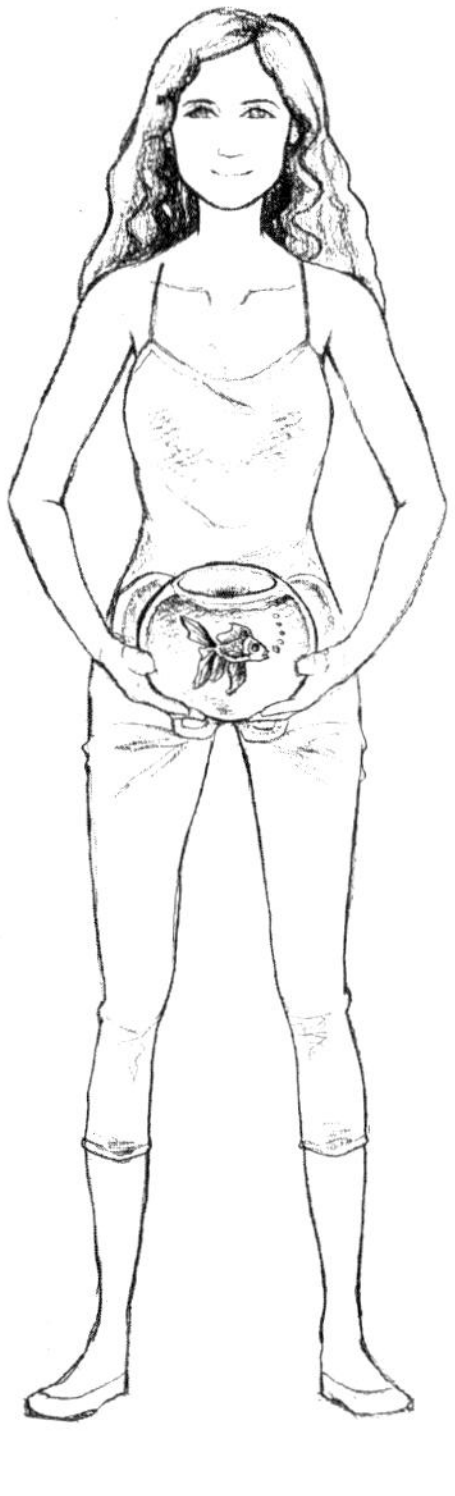

骨盤（金魚鉢）を満たす丹田（水）の中で重心（金魚）がゆらゆらと自在に動かせるイメージです。

ここで挙げた二つの例えはあくまでも私の感覚を表現したものです。身体への感性は人の数だけあります。皆さんそれぞれの感じ方をディスカッションするのもおもしろそうですね。

第４章

より深く学びたい人へ

最後に、
「もっと魔女トレを知りたい！」
という方に向けて、
著者がセミナーでなにを考え、伝えたい
と思っているのかをご紹介します。

セミナーに参加する方へ

対面で直接指導するセミナーは、多くても15名程度に人数を制限したセミ・プライベートレッスンの形式をとっています。一人ひとりの足を握って身体を分析し、それぞれに見合ったアドバイスをしたいからです。そのやり方でなければ、納得のできる効果が得られません。内容はアスリート向けや身体の硬い人向けなど、様々な身体能力やニーズに応じて変えています。でもすべてがまったく異なるわけではなく、**本書で紹介したエクササイズはどのクラスにも通用する内容です**。ですからもしこれから私のセミナーに参加されるとしたら、本書のエクササイズを実践してみてください。なかでも特にやっておいてもらいたいのは、「足首回し」と「丹田のエクササイズ」、そして日常生活で足裏の三点（母趾球・小趾球・踵）に等しく体重が乗っているかどうかチェックすることです。

まっさらの状態でセミナーに参加していただいてももちろん結構ですが、本書の内容を実践したうえで分からないことを質問していただいたほうが、限られた時間内でより深い内容に進めると思います。

魔女トレで伝えたいこと

なぜこんなにも迷い、苦しむ人々が多いのか。「自分の考えを述べなさい」と言われても、様々な価値観が洪水のように溢れかえっているのでは、よほどの信念や軸を持っている人でなければ生きていけないのではないのでしょうか。不確実性の高い社会のストレスにさらされている現代人なら、なにか安心できるものにすがりたくなるのも当然です。そのために「簡単で分かりやすいもの」や「分かりやすい情報」で溢れかえっているのだと思います。でもそれではいつまでも、満足感、充足感、安心感は得られないでしょう。

私は舞踊を通して身体の可能性を探るなかで気づいたのが、その人の身体観は思考の癖や習慣とリンクしているということです。「自分のことが分からない」「自分の世界から外に出られない」そういう人たちには、「身体の感覚が乏しい」という共通点があるように思います。

私がお伝えしたいのは**「自分の核となるものを身体に持とう」ということです。**

迷い、悩み、ふらふらふわふわした気持ちの時、足裏を意識してみてください。感覚がなかったり、乏しくなったりしてしまっているのではないでしょうか。身体を巡る確かな感覚を感じた時。「自分がここにいる」「ここにある」と実感した時。地に足がついた時。どれもとても心地良くなるものです。それが本能的な安心感の一つになり得る。私はそう考えています。私自身、舞踊の世界でそれを経験したことで、様々な苦難を乗り越えることができたのです。**足に触れる、足と向き合うという行為は、その実感を得る始まりです。**どんな人であっても自分で自分を癒やして整える機能を発動し、さらなる開拓と成長のきっかけとなると信じています。

「自分と向き合う」ことは、スポーツ関係者や表現者はもちろん、一般的な会社勤めの方でも、健康に気を使っているなら一度は取り組もうとしたことがあるでしょう。

自分と向き合っているようでも、先入観や知らず知らずのうちに見たくないものから目をそらしてしまったりすることで、視点が限定的になっているものです。客観的に、多角的に、立体的に身体と向き合うようなトレーニングや体験によって、自分のことを内側からも外側からも見たり感じたりすることができるようになっていくと、**自分自身の輪郭が浮かび上がってきます。**

心や感情、身体や感覚。個々の在り方は似ているところがあったとしても、みな微妙に違っていて千差万別のはずです。「身体の仕組みはこうなっている」と科学的事実を参考にしつつも、それは自分の身体と完全に一致するわけではないこと、全員が同じ身体ではないことを踏まえておくことも知識を取り入れる際の大切な態度です。

成長する道筋も、みなそれぞれ異なります。個々の違いを知り、受け入れることができれば、より自分にあった方向性で成長することができるでしょう。

魔女トレでは、その**すべてが「自分と向き合う」**行為につながるようにしています。無理なく自然とそう感じられるような仕掛けを、セミナーやセッションに仕込んでいるのです。

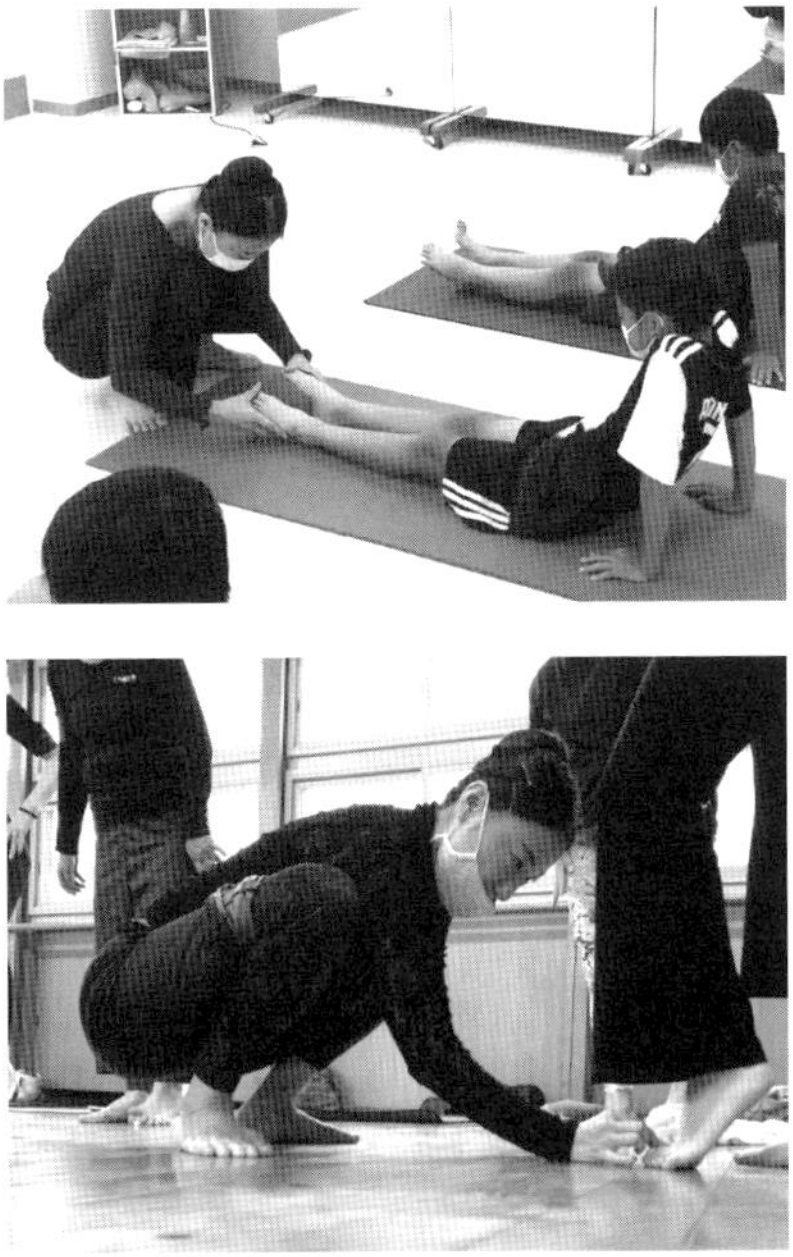

セミナーでは一人ひとりの足指に触れてそれぞれの感覚を確認して指導をしています。

魔女トレという「場」

中学生の頃、バレエを習いながらこんなことを考えていました。

「身体の仕組みを知れば、老若男女問わず、人種問わず、みんな健康で幸せになれるにちがいない。だからもっと、みんな身体に興味を持てば良いのに」と。

魔女トレの最重要課題は、その人にしか分からない感覚＝答えを探り、開拓することです。だから私は「物理法則や真理は一つですが、そこに浮かび上がる感覚は人それぞれです。自分だけの感覚こそ大事にしてください」と繰り返し伝えています。スポーツバイオメカニクスの知識やそれによる言語化は、そのためのツールです。日本には空気を読む文化がありますが、それは高い身体性がなせる技です。その能力を周囲の顔色を窺うのではなく、自分自身に向ければ良いのです。そこから「快・不快」という自らの感性を頼りに自分自身で答えを出すのを習慣づけることが、「自分を知る」ことにつながります。感性は人それぞれなので、どこでどのように引っかかるかは分かりません。ですからセミナーの中では色々な仕掛けをしてあります。言葉、リズム、空気感、触れてみる、話してみる、感じてみる、対象を変えてみるなどなど……。

私には十数年前から抱いていた構想があります。それは身体に興味を持つ人たちが老若男女を問わず集まれる場所をつくりたい、というもの。年齢も経験も環境も違う人たちが同じ空間で一緒に学んでいる場。触れ合ったり、悲鳴をあげたり驚いたりカッコいいところを見せられたりする場。その場でしか生まれない空気があり、一種のアート活動のようですらあります。身体への感動によって一つになる人たちを見て、私もまたなんともいえない幸せな気持ちで楽しんでいる。そんな絵が浮かんでいたのです。魔女トレではその夢が叶いました。

今後は医師や研究機関との実験や検証を行い、科学的な根拠を背景に身体と足のメカニズムをもっと説明できればと思います。「人間（人体）のことはまだ10％も分かっていない」と言われていますが、先人たちの残した優れた言葉や習慣は大きなヒントになります。

精神活動が主軸になりつつあるいま、身体は現代人が生きる上で道しるべとなります。与えられた生を全うできるようになるための救いの手を差し伸べる道、それを見つけていくのが私の喜びです。

私は生涯、身体の研究を続けるでしょう。発見があるたび、魔女トレは新しくなっていきます。これまで一度として同じセミナーをしたことはなく、リピーターの方が来てもつまらなくないように常に進化させてきましたし、これからもずっと進化していきます。「進化・

成長し続けること」については変わらずにいる魔女トレでありたいです。まだまだ道半ばではありますが、舞踊という表現の世界で生きてきた私にしかつくれない、曖昧さと明確さが混合する場所をこれからも提供していきたいです。

「魔女トレは一言では語れない、けどとても本質的でシンプルで奥深い。これは一度体験してほしい。体験すれば分かるから」

受講者の多くが魔女トレをこのように表現してくださいます。確かに在るのだけれど、言葉にできない。でも大切ななにか。今後も変わらずにそんな領域を扱っていきたいと思っています。

おわりに

2020年4月、新型コロナウイルス感染拡大防止の措置によって多くの人が活動を自粛するなか、私はほぼ毎日YouTubeのライブ配信をやっていました。自粛期間が明けてからは多くの人たちから「日常を忘れられる時間だった」「心の支えになっていた」との感想をいただきました。身体に集中したり、学びや気づきを得たりする時間は、これほどまでに人の心を癒やすのかと驚いたものです。私にしかできないことがあり、世の中に必要とされているのであれば、私がやらなくてはならないという使命感が湧いてきました。このような方々の想いに魔女トレの活動は支えられています。

いまや「魔女トレ」の名前に多くの方が興味を持ってくださっています。Twitterでしかセミナーの告知をしていないにもかかわらず、東京や大阪セミナーは申込み開始とともに定員になるという状況です。こうした流れにたまたま乗ることができたのは幸運としか言えません。「魔女トレ」の名付け親であり、魔女トレが世に出るきっかけを与えてくれた、大学の同期であり元帝京大学水泳部監督の浜上洋平さんには感謝の気持ちでいっぱいです

本書を制作するきっかけとなったのは、日本におけるロシア武術システマの第一人者・北川貴英さんの「魔女トレの本を読んでみたい」という一言でした。本の出版なんてまったく考えていなかったのですが、進化し続ける自分自身の一区切りとして、また多くの受講者や見ず知らずのフォロワーさんから「魔女トレの本はないんですか?」と聞かれる機会が増えたことで、悩んだ末に制作に踏み切りました。

身体にはまだまだ解明できていないことがたくさんあります。部分的には事実であっても切り貼りによって本質が見えなくなってしまった情報も多く、動きやパフォーマンスになにが大切なのかを見失ってしまう人も多いように思います。それだけに、対面での直接指導とリアルな体験にこだわる私としては、本でどれだけ伝えられるのか悩みましたが、北川さんの励ましもあってなんとか執筆することができました。編集者の下村敦夫さんには、読者に伝わりやすいかたちへと本書を美しく彩り豊かにしていただきました。強く自信を持って〝多くの方の元へ届けたい〟という気持ちで本書を送り出せたことを心から感謝いたします。

また全国各地のセミナーで度々サポートをお願いしている心強い存在の奥村正樹さん、山城聖也さんには本書でもご協力いただき、大切な仲間として皆で共同作業ができたことを嬉しく思います。ありがとうございました。その他にもとても多くの方が私を支え、応援してくださったお陰でいまがあります。

そして女手ひとつで大きく育ててくれ、私に大きくて深い愛と強い信念を常に分け与えてくれた母に最大の感謝を捧げたいと思います。

様々な生き方や在り方を模索する人、他のジャンルや異なる年齢層の人と会う機会が減っているのではないか。そう危惧していたところのコロナ禍で、私が懸念する状況はさらに進行してしまったように思います。

様々な刺激こそが身体感覚を豊かに育む材料となります。それがどんどん乏しくなっていけば、せっかく持って生まれた多くの才能を眠らせたまま人生を送ることになるでしょう。それはとてももったいないことですし、現実的な問題としては不要な怪我にもつながりかねません。私はこれからを生きる子どもたちや、迷いや不安を持つ大人たちに、私という魔女の姿を見てもらいたいと思っています。それで「人体はこんな風に動くんだ」「こんな人もいるんだ」と直接見て感じていただきたいのです。

私自身、いつ自分の身体が動かなくなるか分かりません。できることなら有限な時間を人のために使いたいのです。西園美彌という人間が魔女として発信するのは、そのためです。今後も可能な限り全国各地を巡って、二次元ではなくリアルな三次元の動きを見てもらえる機会をお届けしたいと思っています。

直接会うと分かると思います。人体の強さと弱さ。そのバランスが大事であり、そのバランスの具合で個性が生まれるということも。言葉の定義を確認する大切さや、身体がイメージで変わることも体験できるでしょう。どうか魔女トレを通じて〝心が動く〟体験をなさってください。

本書で少しでも新たな一歩を踏み出す勇気が出たり、自身の身体と向き合う心が動くようなことがあれば幸いです。

最後までお読みいただきありがとうございました。いつかリアルな魔女トレセミナーでお会いしましょう。

西園美彌

著者（中央）を囲んで。モデル協力・山城聖也（左）、奥村正樹（右）

足元《あしもと》にある、動《うご》きの「素《もと》」
魔女《まじょ》トレ

●定価はカバーに表示してあります

2021 年 12 月 24 日　初版発行
2023 年　4 月　5 日　 4 刷発行

著　者　西園《にしぞの》 美彌《みや》
発行者　川内 長成
発行所　株式会社日貿出版社
東京都文京区本郷 5-2-2　〒 113-0033
電話　(03) 5805-3303（代表）
FAX　(03) 5805-3307
振替　00180-3-18495

編集協力　北川貴英
写真　Tomohiro Sugimura（カバー・口絵・第 1 章扉）、糸井康友（実技部分）
カバーデザイン　由無名工房 山田麻由子
印刷　株式会社シナノ パブリッシング プレス

ISBN978-4-8170-7051-7　http://www.nichibou.co.jp/